厦门社科丛书·鼓浪屿历史文化系列

厦门市委宣传部　厦门市社科联　编

鼓浪屿

Gulangyu Lishi Wenhua Xilie

十方　陈峰　著

教育

厦门大学出版社

XIAMEN UNIVERSITY PRESS

# 总　序

　　"国民之魂，文以化之；国家之神，文以铸之。"文化是一个民族的根，一个民族的魂，是国家发展、民族振兴的重要支撑。当今时代，文化越来越成为民族凝聚力和创造力的重要源泉，越来越成为综合国力竞争的重要因素。

　　厦门是一个具有一定历史文化积淀的现代化港口风景旅游城市，物华天宝，人杰地灵，形成了瑰丽多姿的文化和丰富独特的文化遗产。鼓浪屿素有"海上花园"、"万国建筑博览"、"音乐之乡"，"钢琴之岛"之美誉，是国家级重点风景名胜区。在历史的发展过程中，近现代中西文化在这里汇聚融合，造就了一种既具有深厚的闽南文化传统，又具有浓厚西洋文化特色的文化形态和风格，是厦门独特的历史文化的浓缩和代表。

　　为进一步研究、保护、传承鼓浪屿历史文化，厦门市委宣传部、市社科联聘请了成长于鼓浪屿的福建省社科院原副院长、资深文史专家黄猷先生为总审稿人，联合组织专家学者精心策划、精心研究、精心编撰出版《厦门社科丛书——鼓浪屿历史文化系列》。丛书以史话、风光、建筑、音乐、宗教、原住民、公共租界、侨客、教育、学者等十个专题为主要内容，较客观准确地介绍了鼓浪屿历史文化和风土人情，充分展现了鼓浪屿深厚的文化底蕴和独特魅力，是一套系统研究鼓浪屿历史文化的史料读本和百科全书。相信《厦门社科丛书——鼓浪屿历史文化系列》的出版发行，对于传承、弘扬鼓浪屿历史文化和厦门特色文化，提升厦门市民的人文素质和城市文化软实力以及鼓浪屿申请世界非物质文化遗产都具有重要的意义和积极的作用。

中共厦门市委常委、宣传部长

2010 年 1 月

# 小 序

　　有机会看过《鼓浪屿教育》的一稿、二稿，作者要我写个小序，对这本书做一点评介，我也就难以推辞了。

　　鼓浪屿开化很迟，家塾的出现不会早于嘉庆年间，而不久就是鸦片战争，随之，西方的教育模式走进了鼓浪屿，教会办学一是以教授白话字为主的扫盲，主要教育对象是妇女；一是由外国人子弟学校带动的洋学堂，开始也很简陋，慢慢的才有比较固定的学制。从此清廷和民国政府先后颁布了中国自己的学制，中国人也开始在鼓浪屿办起了学堂。经过大革命时代的收回教育权，而在1938年厦门沦陷之后，鼓浪屿的教会学校又挂起了外国旗。有些学校更直接在外国校长的直接管理和主持之下直到抗日战争胜利，鼓浪屿不再是外国租界；直到解放进行了一系列的教育改革，鼓浪屿教育的发展道路是曲折的，变化是很多的。感谢作者下大气力收集了丰富的材料，细心地加以梳理，把鼓浪屿教育的来龙去脉清晰地呈现在读者眼前。法古传统、珍惜传统，以追踪创新、肯定成果并重，可以说是作者用力之处，也是这本书成功之处。

但是，时间到底已经过去整整一个世纪了，原始记录历经战乱能够保留下来的是不多了。各个时期的老师和学生，不少已经离开这个世界，更多的是散而至四方了。要更深一步来叙述分析各个时期的教育思想，教育者的意图和受教育者的领会，对于鼓浪屿以至闽南和更大范围的社会所起的作用，的确是很难了，这种遗憾已经不能避免。我们只能对这一百年来在鼓浪屿辛勤经营的教育者，特别是在某一个时期起过主要作用的学校领导人在心里保持着真诚的谢意和歉意。

有些历史问题，是要经过比较长的时间的反复体验才能认识得比较清楚的。有些经验，有些教训也是要继续接受时间的考验的，我理解并且相信作者已经尽其所能，把他们所了解的、所感受的、所肯定的、所否定的坦率的呈现在读者面前。他们也并不认为自己对鼓浪屿教育的理解和讲述是非常全面和完善的，而如果由于他们这本书能给读者对鼓浪屿的教育，历史与现实有一个比较清晰的轮廓，并引起一部分认真的读者深入的去思考一些问题，我想作者是会欢迎的、是会高兴的。

**黄　猷**

鼓浪屿

目录 教育
# CONTENTS

# 第一章

## 鼓浪屿之魂
### ——鼓浪屿教育的百年回眸

鼓浪屿，一个魅力之岛，一块神奇的土地。

鼓浪屿之魅力，不仅在她四周的碧海蓝天，不仅在她那天风海涛中巍峨挺拔的日光岩，不仅在遍岛的繁花绿荫，曲径通幽，这小岛令世人心驰神往的是她的人文魅力。

这种魅力是独特的，它不仅展现在风貌建筑之上、优扬琴声之中，更隐现在鼓浪屿人的言谈举止、形神气质里。曾有过这么一说，鼓浪屿人身上某种特有的气质，可以使人借以把他从一群人中区别开来。这种气质，是在鼓浪屿特有的人文生态环境中陶熔鼓铸形成的。而这种陶熔鼓铸的主导力量则是教育，是鼓浪屿的学校教育、家庭教育和社会教育造就的结果。

人文，人文，没有鼓浪屿的"人"，哪有鼓浪屿的"文"？而没有鼓浪屿的教育，这"人"就只能像一首闽南歌唱的那样，是没有灵魂光有形体的"稻草人"。

教育，是魅力鼓浪屿之魂。

这个 1.78 平方公里的小岛，曾是闽南先民踏浪越海筚路蓝缕的拓荒区，曾是延平郡王扬帆挥戈抗清驱荷的演武场，曾是西方教士坚执不渝传播福音和文化的寻梦园，曾是海外游子漂泊半生落叶归根栖息的家园……要了解鼓浪屿的教育，要了解鼓浪屿教育的特色，要了解为什么会有这样的特色，先要了解上百年来，民族的根，多元的文化是怎样在鼓浪屿这小岛上碰撞、融合、演绎变迁的。

## 第一节　1840年以前：鼓浪屿教育之滥觞

宋代，鼓浪屿是厦门西海域的一个荒僻的小岛，称"圆沙洲"，就是因为她的形状近似椭圆，四周遍布沙滩而得名。我们的先民什么时候登上这一渺无人烟的海岛，今已很难考证其确切的年代了，据说在宋代末年，对岸嵩屿李姓渔民就上岛暂避风浪而栖息于此。到了明代初期，鼓浪屿岛上已聚居了一定数量的居民。据内厝沃出土的《明处士振山黄公墓志》记载，早在明隆庆之前，已有黄姓家族"宗人世居鼓浪"，而且还修了奉祀保生大帝吴夲的种德宫。鼓浪屿的先民最早来自当时隶属泉州的同安和隶属漳州的海澄（现在的龙海、海沧一带）。

厦、漳、泉同属闽南。闽南人的组成，除本地土著"闽越族"外，主要是历史上中原的移民。中原文化是闽南文化的根。"闽南话"现在还被专家们称为中原古汉语的活化石。

泉州、漳州、厦门都是中国历史上著名的对外贸易港口。宋、元之际，泉州刺桐港这个"海上丝绸之路"的起点，已经与亚历山大港并称为世界两个最大的港口；明代，漳州月港成为当时我国最大的对外交通贸易港口；明末清初，郑成功在厦门建立抗清复台根据地的同时，也使厦门港成为重要的对外贸易口岸。西方工业革命完成之前，中华文明在世界上一直处于领先地位，闽南的泉州、漳州和厦门三个港口，一直是丝绸、陶瓷、茶叶等高档消费品和中华先进文明的输出地。

　　闽南还是大多数"过番"出远洋、下南洋的华侨华人以及去台湾谋生的先民的祖籍地和出发港。鸦片战争前后最大的一家贩卖华工的洋行，英国商人德滴办的"德记"洋行，掠卖华工的船只就停在鼓浪屿后面的海上，在鼓浪屿甚至还设有"猪仔码头"，专门"出口"华工苦力。华工们在这些人眼里只是一群被掠卖的猪。鼓浪屿岛上现在还有一片美丽的海滩叫"大德记"，现在的人们很难把这美丽与那段血泪史联系起来。

　　清末民初，厦门这个"后发达地区"还成了闽南籍"海归"们和不愿做日本臣民的台湾同胞们回祖国发展、定居的首选地，鼓浪屿因为她的稳定、文明的环境倍受青睐。这些来自海外的"番客"和"番客婶"们把海外侨居地的文化也带进鼓浪屿。

　　港口，使闽南很早就走出封闭，与世界建立了联系，形成独特的"港口文化"。

　　一些学者把闽南文化归入"海洋文化"，我们以为称之为"港口文化"或许更贴切。对于"港口"，人们自然从它的地理环境、交通运输、交流贸易和军事等要素去描述它。关于地理特征，人们脑海里跳出的"主题词"是海洋与内陆的交界、河流的出海口；关于交通运输，人们脑海里跳出的"主题词"是航运枢纽、海运和陆运交接点、造船基地；关于交流贸易，人们脑海里跳出的"主题词"是进出口物流、资金流、信息流的集散地，人流文化交流的出入地，海关口岸；关于军事，人们脑海里跳出的"主题词"是海防、要塞。"港口文化"正是由这些要素演绎出来的。"港口文化"应该是"海洋文化"和"内陆文化"交汇生成的文化。由此反观泉州、漳州和厦门所代表的闽南文化，称之为"港口文化"是不是比"海洋文化"更贴切一些？

　　因为政治、经济和地理变化的原因，泉、漳两港渐次式微，厦门港后来居上。历史的演变，漳泉移民的迁入，使鼓浪屿集典型的闽南"港口文化"之大成：开放、多元、包容。闽南"港口文化"是鼓浪屿人的本土元素，也使鼓浪屿人在鸦片战争后"西学东渐"浪潮面前，有先天的适应性和包容性。

　　明清时期的鼓浪屿不过是嘉禾里的一个保，岛上只有内厝澳、鹿耳礁和"岩仔脚"（日光岩麓）三个民居聚落，人口不多，经济、文化不甚发达，鼓浪屿岛上的学校教育也不怎么样，仅有家族的私塾族学。如清代从同安洪塘乡石浔社入迁鼓浪屿的黄氏家族，就曾在岛上位于今市场路的黄氏小宗祠内开设私塾，清末才秀才黄伯铨在这私塾当过塾师，岛上没有书院之类较高的教育形式。鸦片战争之前，大多数鼓浪屿人的教化启蒙靠的是学校以外自然环境、社会文化的"隐性教育"和典型的闽南家教。尽管这种教育比较"广义"，比较"原生态"，但毕竟是鼓浪屿教育之滥觞。

## 第二节　1840 年—1904 年：西学初入

　　1840 年鸦片战争之后，"中央之国"突然发现自己雄踞世界的地位不再，农耕经济和工场手工业不敌机器大工业，代表"工业文明"的番夷用洋枪洋炮开路登上了这块封建几千年的国土，厦门是他们首批登陆的口岸之一。

　　当时鼓浪屿除了少数渔耕人家之外，还有清军的一个炮台驻军。洋人把炮台的清军赶走占领后，这小岛就成了洋人的兵

1868 年的鼓浪屿（旧影新光）

19世纪末的鼓浪屿，西式建筑与闽南民居并存

营。炮火过后是文化的跟进。1842年，美国传教士雅俾理和文惠廉两人紧随而来，"他们跟随着尘世的征服者的脚印，为救世主不流血地拓宽领地"，几年后他们的同行、英国传教士施美夫在游记里如是说。1844年，英国传教士施约翰和养为霖在这小岛上创立基督教伦敦公会，按《福建教育史》的记载，还办起了教会在福建的第一所学校"英华男塾"。厦门的"港口文化"从此产生一个质变：由主要是中华文明的输出地变为主要是外邦文化的输入地。西学东渐，鼓浪屿因此得风气之先。

　　尽管有一段时间，瘟疫曾把"洋鬼子"赶出过鼓浪屿，不过洋人们很快就发现，当时的鼓浪屿是一个"原住民"不多、尚在开发的"处女地"，而且岛上的"原住民"多是来自闽南不同地方的移民，宗法势力微弱，对洋人和西方宗教、文化的入侵难形成有组织的抵抗，正是殖民居住的理想之地。

英华书院1901年购地拓校园

1853年，闽南小刀会义军向厦门挺进。这时候洋人们进一步发现鼓浪屿易守难攻就如一艘不沉的战舰，而且也迷上这风光秀丽的海岛。十三个国家争先恐后地把领事馆搬到这个小岛上去，海关税务司人员、商人和传教士团体也纷纷重返鼓浪屿。他们争着在这小岛占地造房，建教堂、办学校、设医院，建造他们的寻梦园、安乐窝。自19世纪60年代末开始，外国教会或把他们在厦门开办的学校迁到鼓浪屿，或在鼓浪屿创办新的学校，从此拉开了鼓浪屿近代教育的帷幕。

从1840年鸦片战争到1904年清朝《奏定学堂章程》(即"癸卯学制")的颁布，这段时期对鼓浪屿教育来说可谓是"西学初入"时期。

洋务运动和戊戌变法的冲击，社会上思"变"求

"新"风气渐起,加上西方教会从慈善办学入手的传教策略,鸦片战争之后的这段时期是鼓浪屿历史上新式教育发育最快的时期,鸦片战争中国战败的反思和清廷《奏定学堂章程》的颁布加快了这一进程。在鼓浪屿,不论是西方教会办学或者是国人自办的新式学堂,不论是非学历教育的扫盲、女学或者是正规学历教育的中小学、幼稚园、职业学校,都是在这时期起步,这时期鼓浪屿教育的特点就凸显了一个"早"字,创下了一个个"福建之最","中华第一",也创下了这个小岛建校数的历史高峰——鼓浪屿历史上这段时期创立的学校最多,而且好几个学校教泽由此延绵百年成名校。

不过那时候的学校初办幼稚,学校规模小,有十几个学生也称"校"的,而且常常没有独立校舍,要么依附在祠堂、教堂,要么租用民房。学制、课程也不规范,或照搬西方学校的部分课程,或因师设课,甚至连课本也没有。有的学历教育与非学历教育混杂,有的识字就用《圣经》,既扫盲又传教。有些外国人办学校,最初也是主要为自己的子女受教育,兼收了几个中国教友的小孩子起步的。在当时中国人脑子里"学而优则仕"根深蒂固,这些新学堂,读得再好于仕途无助,成不了功名,读又何用,因此并不被看好,加上国人对洋教的抵制,学校也办得艰难。但这一切都阻挡不了新学堂的成长。

## 第三节　1904 年—1928 年:磨合与规范

从 1904 年清朝《奏定学堂章程》颁布到 1928 年国民政府收回教育主权,在鼓浪屿教育史上这段可称为"磨合与规范"时期。

清朝的《奏定学堂章程》规定的"癸卯学制",标志着中国近代学制的正式建立，中国教育从此有了教学年限规定和完整衔接的学校系统，有了教育制度和教学计划，结束了千年教育"非制度化"的状况。在此之前，中国虽有读书的私塾、公学、书院，但没有规范的学制，没有统一的课程体系，没有学习的年限和进度规定，学生读书非常个人化，非常的"因材施教"。不但同一课堂、同一张书桌可能读不同的书，就是同一本书读起来往往也因人而异，没有统一的学习要求。鲁迅先生就描写过三味书屋里这种各读各的、"人声鼎沸"的情景。看来旧书塾的塾师是"复式教学"的老手，但教起书来却也不讲究什么"教学法"，就是要学生不求甚解地背书，背不出来就挨戒尺打，或者罚站罚跪，教法上一点也不"因材施教"。

紧接着 1905 年，清朝废除了科举制度，围绕"科举"建立起来的教育体系遭此致命一击，随即土崩瓦解。这些"新政"，是清廷被迫学习东洋日本实施改革的产物，因为出自朝廷，因此使原来让草民百姓视为异端的洋学堂，因其穿上了黄马褂，立刻"皇恩浩荡"成为正统。西方教会学校也借《章程》之力，从主要是传教走向主要是传播知识的"世俗化"，将西方课程在中国"合法化"。这些都促进了中外教育的磨合。

这时期，岛上各学堂经过扩建或整合，五花八门的办学按现代教育的章法走向规范，岛上学校中、小学分设，学制清晰。从幼稚园到高中甚至大学预科，从普通教育到职业教育特别是师范教育，鼓浪屿教育门类齐全，课程日趋完整。中外多元教育经过磨合后，鼓浪屿教育特色就渐成一帜。

紧接着的辛亥革命、五四运动、大革命又涤荡了社会上旧教育理念，新文化迅速传播，新学最终成为教育的主流。

需要一提的是，1902 年鼓浪屿沦为列强的"公共地界"，洋人力图把鼓浪屿打造成他们生活和发展的乐园。狡兔本来就不吃窝边草了，对自己的窝更是精心营造，于是把西方先进的城市建

英华中学 1913 年扩建 "同" 字壳楼校舍

设和法制、管理模式引进了鼓浪屿，还带来了岛上较长时期的文明安定，一个 "国际化居住型公共社区" 逐渐形成。学校是传播基督教和这 "居住型公共社区" 的必配构件，因此得到格外的重视；文明安定在为鼓浪屿带来繁荣的同时，也为教育发展提供了良好的外部条件；有先天适应性和包容性的鼓浪屿人，更成为新学在岛上落地生根的沃土。

关于鼓浪屿在 "公共地界" 时期岛上的政治、经济、文化，黄猷先生——一位既当过英华学生又当过英华教师的 "老鼓浪屿"，为我们做了一个介绍，使我们对那阶段鼓浪屿的社会有较全面的了解。黄老先生说：

（鼓浪屿沦为万国 "公共地界" 后），鼓浪屿逐渐成为列强在南中国扩张其政治、经济、文化（包括宗教和教育）势力的一个重要基地，但它是后方而不是前线——它本身只是一个以洋人定居点为中心的居民区，因此社会矛盾并不突出。

在管理体制上，英国式的市政会（KMC，亦被称为"工部局")本来是领事团行使治外法权管理各国侨民的行政机构，覆盖所有居民的主要是它的一套社会功能，华人在法律上仍归中国政府管辖。华人在市政会没有发言权，洋人在社会凌驾于华人之上，但没有直接的统治与被统治关系。

在经济关系上，小岛居民并不是以该岛为基地的殖民经济活动的主要掠夺对象，一般人家也很少用洋货。岛上华人多，占税负比重大，而支出首先用于便利洋人生活的设施与洋员的高工薪，华人有不平，但还没有达到不能忍受的地步。

在文化上，西方文明是通过两个渠道进入鼓浪屿的：一是洋人的生活方式，在小范围内影响了华人上层家庭和白领阶层；二是传教和办学。基督教宣扬的博爱、平等待人、自我牺牲的"道理"，首先吸引了一批游离于城乡之间的破产农民，加强了他们凭借个人努力开拓一种新生活、新天地的信心和勇气。特别是承认妇女的独立人格，教会确确实实地帮助一批又一批妇女取得独立生活的机会与能力，更直接开启了新风气。

鼓浪屿的"洋学堂"就是在这样一个比较宽松、有秩序的环境里，首先在基层社会扎下根，从小做起，多头并进发展的。鼓浪屿近代的新式教育，在岛上这种良好的经济和人文生态中，迅速走到全国最前列。

## 第四节　1928年—1938年：融合与成熟

从多元教育交融的角度看，自1928年国民政府收回教育主权到1938年抗日战争厦门沦陷前，这段时期可称为鼓浪屿教育的"融合与成熟"阶段。

"收回教育主权"是大革命的产物，带有"五四运动"的色彩。1924年4月，广州圣三一学校学生首先举行罢课、集体退学，要求收回教育权。随后，上海等地教会学校的学生纷纷响应。1925年"五卅"运动前后，这场声势浩大的收回教育权运动扩展至全国，发展为群众性的反帝爱国运动。

但由于这个举动本质上是民族主义的，因此在大革命高潮过去之后，仍为南京国民政府所继续执行。国民政府定都南京后，于1927年12月，颁布《私立中等学校及小学立案条例》等条例，教育部又于1928年8月颁布《私立学校规程》。这些条例规定：私立学校，包括外国人设立的学校的开办、变更或停办，须经主管教育行政机关之核准；私立学校的组织、课程等，均须遵照现行教育法令办理；不得以宗教科目为必修科目，与宗教有关的科目可作为课外选修科，但不得强迫学生修读；凡由外国私人或私法人设立的学校，必须以中国人充任校长或院长；私立学校应设立校董事会，外国人充任董事的名额，至多不得超过1/3，并不得担任董事长；私立学校应于开办后一年内呈请立案，并受主管教育行政机关的监督和指导；未立案或因条件不合格未批准立案的，其学生学籍不予承认；信教自由，教会学校不得强迫师生参加宗教活动。

这些法规，限制外国人在我国开办学校和掌握校政大权。鼓浪屿的教会学校为学校前途计，迫不得已先后向中国政府申请注册，先后立案成立校董事会，聘请华人任校长，并废除在必修课内教授《圣经》。

1927年，英华书院为筹备立案而组织校董会，由伦敦长老公会、中华基督教闽南大会和英华校友会三个团体联合组成，伦敦长老会与中华基督教会不再资助英华，是故英华之经费只靠自给，由学生所缴交之学费维持。1928年，英华书院呈请教育厅立案，改称"英华中学校"，请郑柏年先生出任第一任华人校长。福建省教育厅延迟至 1931 年冬始批准英华注册立案。

1929 年，养元校友会组织校董会，向美国归正会接收养元小学，选聘林居仁为校长，建筑新校舍于鹿耳礁。同年，毓德小学亦组织校董会，呈请立案。1931 年 6 月，英国长老会创办的怀仁女子中学任命王淑禧为校长，正式向省教育厅办理注册立案手续。1932 年，美国归正教创办的毓德女子中学成立董事会，聘请邵庆元主持校政，向主管教育机关呈请立案，获省教育厅批准。鼓浪屿其他的教会学校也大多遵照"条例"申报立案。

时任厦门海关税务司的侯礼威在其《海关十年报告（1922—1931》中称，"教会学校目前的趋势是，愈来愈多地从中国人方面获得资助，而仅保留外国教师工资一项由教会支付。同样一个强有力的趋势是，通过中国的董事会成员逐渐取代他们的外国同事的地位。这样一个吸收过程，教会学校的控制权正逐渐转入中国人手中"。

"收回教育主权"是一个过程，不是 1928 年才开始的。由于一些传教士不愿接受中国政府的要求，极力拖延学校立案报批，所以这项工作迟至 1928 年以后才有较大进展，我们就以 1928 年来划界。

这个阶段在鼓浪屿，尽管新办学校的速度减缓，但收回教育主权后，鼓浪屿的学校特别是教会学校里，一些受过高等教育、具备教育专业素养的中国校长们走上领导岗位；大多数学校经过一段办学实践的积累，在这时候逐渐积淀成有自己个性的"学校文化"，用现在的话说，叫作"内涵得到发展"。这些都标志着中外多元教育在鼓浪屿由磨合走向融合，鼓浪屿教育开始有了"自己的东西"，鼓浪屿的教育硕果开始凸显，特色也日渐鲜明成熟。

如今，已经进入 21 世纪的鼓浪屿，正力图构建"魅力鼓浪屿"，力图申请世界非物质文化遗产，打的依然是"怀旧"的牌。

大家对鼓浪屿教育的怀念，也是她的"优良传统"而不是其他。我们认为，鼓浪屿独特的魅力，鼓浪屿的传统，产生于她的"经典时期"。对于鼓浪屿的教育，她的"经典时期"似可划在1904年—1938年这段期间，即鼓浪屿中外多元教育的"磨合与规范"和"融合与成熟"时期。

记得几年前书法家启功先生去世之时，有很多人曾怅然于中国进入了"无大师时代"。钱学森先生离世后，一个"钱学森之问"正引发国人深入地反思。我们发现，中国当代在国际上称得上大师的人物，大多是"民国时期"成长起来的，这年代和鼓浪屿的"经典时期"大致重合。看来这绝不是偶然的巧合。因此，认真研究鼓浪屿"经典时期"的教育，研究产生那个时期教育的教育文化生态，具有重要的现实意义。当然，那个时期鼓浪屿有她独特的历史和社会环境。

## 第五节　1938年—1949年：战乱中的自强

1938年—1949年，中国经历了两场战争，抗日战争和解放战争。对于鼓浪屿教育来说，这是一段战乱的非常时期。

1938年5月10日，日军在飞机、军舰的掩护下，从五通社登陆，攻击厦门岛，12日，厦门沦陷。由于鼓浪屿是西方列强以及日本的公共租界，那时候西方列强尚未对日本宣战，鼓浪屿暂时是块绿洲。为安全起见，鼓浪屿岛上教会学校都挂起英、美国旗，名义上由英、美教会接办，校长也改为英、美人担任。同文中学也由市区迁往鼓浪屿，请美国牧师卜显理任校长。

市内民众，扶老携幼，乘小船渡海往鼓浪屿避难。据不完整统计，鼓浪屿的难民最高峰时达11万人之多。初期，岛上各中小学纷纷停课，腾出教室、走廊收容难民。还组织学生到厦门鹭

1938 年间，义务为难民学校教书的英华书院英籍教师老安德森与难民营儿童留影（图说厦门）

江道接难民，送下双桨工人义务接运的小船。到鼓浪屿码头，帮助扶持老弱病残或者给难民带路。几个月后学校陆续复课。复课后，学校继续组织师生轮流给难童上课和管理班级，到"难民营"当义工。国难当头，鼓浪屿居民那种见危攘助的慈悲心肠，鼓浪屿师生们那种不怕苦不怕累、热情服务的精神，让难民们深受感动。

这阶段，岛上各校学生暴增，原有学校难以承受，于是专收难民子女的"难童学校"应运而生，改良私塾、补习班也十分兴盛，鼓浪屿教育进入非常时期。

不久，太平洋战争爆发，西方大多数国家对日宣战，成了交战的敌国，万国租界不再安宁。1941 年 12 月 8 日，鼓浪屿沦陷。厦门沦陷前后，大批不愿当亡国奴的鼓浪屿人通过种种途径逃亡内陆或香港、南洋。日寇强占鼓浪屿后，鼓浪屿教育也遭了殛。

首先，日寇搜捕抗日军民，拘禁英、美侨民和教会人士。对学校教职员工，利诱与摧残兼施。

接着，鼓浪屿岛上学校统统被称作"敌产"而被日伪厦门市政府接管，并立即整顿改造。日伪当局解散了怀仁女中和怀德幼师，接管了英华中学、毓德女中，改为市立第二中学、第二女子中学。小学除西班牙天主教 1912 年办的维正小学，由于西班牙不是"宣战国"保留原状外，日伪当局解散毓德女小，把普育、怀仁、福民、同文和英华校友初级小学等五所小学改为鼓浪屿第一、二、三、四、五小学校，原怀德幼师附设的幼儿园也改为鼓浪屿幼儿园。

在鼓浪屿教育史上，岛上的学校这时候第一次全部成了"公办"，多元的教育被"一元化"了。当时日本国内 99.5%的青少年是在公立学校接受军国主义教育，他们把这一套搬到了用武力征服的"共荣圈"里来，强化了统治者的控制和"大东亚共荣"的奴化教育。

日寇加强对各中小学的控制。虽仍以中国人任校长，但各校又都设一名由日本人担任的"视学官"，视学官实际掌握了学校大权，重大问题皆由他决定。

日寇在中小学里实施奴化教育。第一炮即为"日语化"，中小学一律增设日语课为主科，并设置奴化教育的"修身"课程，同时废除英语和基督教课程。所用教科书尽将有关反日及富有爱国思想的内容删去，国文课多以"四书五经"为内容，以示尊孔。中学生每月约须服役 5 天。与此同时，日伪还在社会上设立日语讲习所、补习学校，强迫市民入学，推行奴化教育。厦门兴亚院从 1942 年秋季开始，在鼓浪屿复兴路原养元小学设分院，一方面强化对鼓浪屿教育的控制，一方面培养亲日分子。

战乱对教育的破坏是不言而喻的，但战争对人的激励也是空前的。

抗战时厦门和鼓浪屿先后沦陷，鼓浪屿师生经历着怎样的心理煎熬，只要读过法国著名作家都德那脍炙人口的名篇《最后一课》就不难理解。在向祖国语言告别的最后一堂法语课里，村童小弗朗士和乡村老教师韩麦尔先生的形象总让我们热泪盈眶，壮怀激烈。

屈辱和苦难使人倍加珍惜读书的机会，倍加自强团结。威武不能屈，贫贱不能移的民族精神、对亡国的忧患和社会责任感成了日寇铁蹄下青少年自强不息的动力。当我们读到英华、毓德战火中在校的那几届校友的回忆，可以感受到当时在地下涌动的这种悲壮不屈。

这也让我们理解了，为什么抗战最艰苦的年代，迁入云南的北大、清华、南开联合办起的"西南联大"，会走出后来首次为中国人获诺贝尔物理奖的杨振宁、李政道，走出新中国从"两弹一星"到"胰岛素合成"的元勋。

1945 年，历经八年的抗战胜利了，日本宣布投降。9 月 28日，鼓浪屿结束了租界与被占领的历史，回归祖国怀抱。

光复之后，岛内停办的中小学陆续复办。各私立中小学纷纷向市教育局递交复校立案呈，经批复后，这些学校都恢复了正常的教学活动。被敌伪停办的公办普育小学复办，改名为市立鼓浪屿区第一中心国民学校。市政府还创办了新的公办学校——康泰国民学校。厦大校友总会理事会也利用厦大的师资和设备，在鼓浪屿创办了厦大校友中学。

正当鼓浪屿教育要恢复正常秩序，因战争失学的大批青少年正想把失去的年华追回来，独裁、腐败、通货膨胀、白色恐怖和内战又使人民的期盼破灭。

对这段时期的教育，黄猷先生是亲历者，曾回母校英华当老师。他告诉我们，首先是社会对抗战胜利后"劫收"腐败的不满和反弹；接着是对教师和高年级学生实行"甄别"，国民党、三青团组织进入学校，国民党加强对学校师生控制的种种做法直接造成了不满，加上经济的大滑坡，鼓浪屿人，包括青年学生开始对现实感到困惑。

几乎与此同时，中共地下党组织也在鼓浪屿建立了据点，开始进行以时事、形势为中心的政治宣传，进而推进学校的民主学生运动，并引导学生走向社会，认识社会。黄老说，"因而改变了鼓浪屿学校封闭、平静的学习生活，加强了学生独立思考与参与社会生活的能力，开始了鼓浪屿教育政治化、社会化的时期"。

三年的解放战争推翻了旧政权，诞生了新中国。1949 年 10 月 17 日厦门解放，战乱终于结束，鼓浪屿的教育翻开了新的一页。

## 第六节 1949 年—1978 年：摸索与孤独

新中国的成立，标志着"反帝、反封建、反官僚资本主义"的新民主主义革命的胜利，人民政府在教育推行"彻底铲除帝国主义和国民党反动派的影响"和"宗教与教育分离"的政策。随着"社会主义改造运动"的开始，中央又决定，将全国私立中小学全部

解放后怀仁小学改为厦门师范学校附属小学

由政府接办，改为公立。旧教育要改造成社会主义的新教育。

刚解放，鼓浪屿共有中小学（含中职）15所，其中仅有公立小学2所，其余皆为私立，而且私立学校里西方教会办的学校达11所之多。所以，鼓浪屿的教育成为人民政府改造的重点，就不足为奇。

厦门女子中学以原毓德校园为校址（白桦供）

先是旧政权办的公立小学和西方教会办的小学由人民政府收回。而率先转为公立的中学是"厦大校友中学"，更名为"厦门第二中学"并于翌年将英华中学并入。两所教会女中毓德和怀仁合并后也转为公办，新校名"鼓浪屿女子中学"。这些举措保证

厦门二中以原英华校园为校址

了教育与旧体制脱钩，与宗教分离。

西方教会在厦门办的中小学，都集中在鼓浪屿，经营几十年，盘根错节，要脱胎换骨实在不容易。所以一解放，鼓浪屿岛上的各学校都开展对帝国主义文化侵略和奴化教育的控诉和批判运动，全市教育界还在鼓浪屿的老牌教会学校毓德女中和英华中学举行现场会，清除帝国主义和教会的影响——这两所学校可谓是厦门教会学校的"龙头老大"。

接着，私立学校也一所一所被转为公办。鼓浪屿最后一所转为公办的学校是"英华校友小学"，于1956年完成转制并更名为"鼓山小学"，两年后又并入笔山小学。

中小学全部转为公办，这是一个重大的历史性变革，是鼓浪屿教育实现公平和民主化进程的重要里程碑，劳动阶层的子女上学的权利得到保障，为教育的普及打下坚实的基础。

不过，随着"以阶级斗争为纲"的不断升级，在学生中实行所谓的"阶级路线"，使另一部分学生受歧视，造成另一种教育不公。"文化大革命"时期这种教育不公发展到极端，把学生按家庭出身分为"红五类"和"黑五类"，"老子英雄儿好汉，老子反动儿混蛋"，演变成封建的"血统论"。"教育公平"当成是资产阶级、修正主义的毒草被批判，被践踏。这些教训是我们必须很好反思的。

另外，由于政府对学校的接管、整顿和合并，也结束了鼓浪屿教育"办学体制和办学思想多元化"的特色。

这个时期所以称其为"摸索与孤独"，是因为新政权在"教育为无产阶级政治服务，教育与生产劳动相结合"方针的指引下，一直想找出一条中国独立的、民族化和无产阶级化的教育道路来。可惜长期错误地"以阶级斗争为纲"，"兴无灭资"的政治运动一个接着一个，知识分子成了矛头所向的"臭头鸡仔"被七斗八斗，学校这"知识分子成堆"的地方一直是历次政治运动的重点。教育被高度"政治化"、"意识形态化"的结果是被极端"一元化"，为追求教育阶级性的"纯粹"，幼稚地拒绝了"多元"，不惜与历史决裂，与世界隔绝，路越走越窄，"水至清则无鱼"。这些错误，"文化大革命"发展到了极致。

不过，新中国的教育也不是一开始就这样自我封闭，解放初50年代曾一边倒地向第一个社会主义国家苏联老大哥学习，这也是一种"开放"。建国初期的整个教育体系，从教育思想到教育制度、教育内容、教学方法、教学组织，很多是在苏联教育的框架中建构的。苏联的教育对新中国的教育产生过重大的影响。

鼓浪屿的教育也不例外。所不同的是，因为历史厚重的积淀形成的"惯性"，这个时期鼓浪屿教育与众不同地还保留了一点"经典时期"残留的欧美教育思想，作为一种"传统"在政治运动的不断冲击下与苏式教育结合，一直"滑行"到"文化大革命"。

解放后鼓浪屿形成的教育传统，应该是包含了"苏联模式"和"经典时期"鼓浪屿的教育传统，还包含了在教育方针指导下鼓浪屿教育工作者的改革创新。而"经典时期"的鼓浪屿教育，其核心是"欧美模式"，既包括以德国教育家赫尔巴特为代表、强调"教育的基本功能是传递文化遗产"严谨的传统教育，也包括以美国进步主义教育家杜威为代表、强调"教育要使学校适应儿童，而不是儿童适应学校"，把教育的重心从教师和教材那里转移到儿童身上的儿童中心主义的现代教育思想，还包括了一点明治维新后日本教育的影响。明治维新的日本是由师从中国转向学习欧美的，所以我们把日本教育视为欧美教育，特别是德国教育的"东方化"。可见，鼓浪屿的"教育传统"，不等同于"传统教育"，也不完全是"欧美模式"。

苏式教育对鼓浪屿教育的影响深远，不但表现在学校管理体制上高度统一的"计划经济"特征，连校内机构设置如年级组、教研组、团委会、少先队等也都是"苏联模式"的产物。就是给学生打的分数，最初也都学习苏联老大哥的"5 分制"而废除了惯用的百分制。影响最广的要算是几位苏联教育家的教育思想，最著名的如凯洛夫"智育为中心、课堂为中心、教师为中心、课本为中心"的教学论、苏霍姆林斯基的《给教师的建议》、马卡连柯"集体主义教育和劳动教育"的思想等等，他们的教育思想成了教育界的主流。后来"苏联老大哥"变成"苏修"，这些影响依然根深蒂固。

各种教育思想和教育模式，都有其适用的条件和针对性，都有其长处也都有各自的弱点，如能在一个和谐的教育文化生态中兼容并蓄，取长补短，推陈出新，解放初多元的鼓浪屿教育起点高，完全可能在全国一直保持先锋地位。可惜解放后鼓浪屿的社会生态和全国一样，被愈演愈烈的"极左"政治压成"万马齐喑"，教育百花齐放的局面终究没能出现。

1966 年"文化大革命"开始，鼓浪屿岛上的学校都"破旧立新"换上"革命化"的校名。厦门二中改为"前哨中学"，鼓一中心小学改为"人民小学"，鼓二中心小学改为"东方红小学"，笔山小学改为"红卫小学"，鹿礁小学改为"朝阳小学"，康泰小学改为"工农小学"。日光幼儿园和福建工艺美术学校甚至一度被解散。学校里骨干教师有的被关进"牛棚"实行"专政"，有的被下放山区农村接受教育，劳动改造去。"工宣队"、"军宣队"掌管学校大权。教育被戴上"资产阶级、修正主义"的帽子，被"斗、批、改"。停课闹革命，从"文攻"升级到"武斗"。后来又复课了，复课也是为了闹革命，考试交白卷成英雄。闹来闹去，"教育"枯萎了，"革命"也打上了引号，到头来只剩下一个"闹"字。这一闹一折腾就是十几年，"政乱"对鼓浪屿教育的破坏甚于"战乱"。

政乱也使大批仅有中学文化程度（有的仅是刚进初中不到一

年）的学生被冠于"知识青年"的美称送到农村的"广阔天地"去"接收贫下中农的再教育"。当时鼓浪屿的"老三届"（"文革"开始时在学的高中三届和初中三届学生）主要是被送往闽西山区永定县，"老三届"以后的中学生毕业生被送到厦门郊区农村。艰难困苦锻炼了一代人，但是许多有才华的青少年从此失去接受正规教育的机会。

## 第七节　1978 年—2003 年：最后的辉煌

1978 年，中国终于结束了"文化大革命"，拨乱反正，改革开放。鼓浪屿的教育也迎来新的春天。

改革开放初期，鼓浪屿岛上被"文革"打得七零八落的学校拨乱反正，恢复了校名，也恢复了正常教学秩序。根据鼓浪屿生源的变化，学校做了一些合并调整："文革"中已将岛上的另一所中学"侨办中学"并入"前哨中学"，80 年代初，厦门二中刚复名就成了鼓浪屿岛上唯一的中学，这是一所集鼓浪屿历史上各中学之大成的完全中学，而且立即被认定为文革后福建省的重点中学。小学经调整，人民小学、笔山小学、鹿礁小学、康泰小学又让鼓浪屿书声朗朗。"中华第一园"日光幼儿园和中专"福建工艺美术学校"，历经解散的磨难后总算保留下来了。

80 年代刚开放的中国，主调是浪漫的理想主义，是对"文革"的批判和对蜂拥而至多元文化的饥不择食，是对世界现代化的追赶。鼓浪屿"兼容并蓄，多元共进"的教育传统，其价值突然被社会所认识。鼓浪屿的老教育工作者在靠边站多年后突然有了实现报国宏志、实践教育理想的机遇，激情燃烧，思想解放。

在这改革开放的春天里，鼓浪屿这个小岛的教育故事特别多。

最先唱响的是 1978 年的厦门二中"英语试点班"，近百年英语教学的特色遇到了大显身手的好时代。1982 年，在厦门二中英语教学试点的基础上，市政府在鼓浪屿创办了"厦门英语中学"，即后来的厦门外国语学校。

接着是 1982 年人民小学提出的"学园、乐园、花园"三园办学模式。1984 年，人民小学启动全省第一个音乐教育（钢琴和提琴）试验班，经过数年实践，这个从幼儿园到小学六年音乐教育试验的成功，催生了 1990 年在鼓浪屿出世的"厦门市音乐学校"。

在新的历史条件下，鼓浪屿的教育继承传统积极创新，起跑时就抢占了教育改革的几个"制高点"，教育特色凸显，再次吸引了省内外，甚至是国内外的目光。鼓浪屿教育出现了继历史上"经典时期"后的又一个教育创新高峰。

这个时期鼓浪屿教育的成功，得益于邓小平提出的"教育要面向现代化，面向世界，面向未来"，正是这个战略取向，与鼓浪屿"兼容并蓄、多元共进"的教育传统产生"共振"；也得益于鼓浪屿教育敏锐地看准方向，抓住机遇，积极作为，终于使老树发新芽。

遗憾的是，90 年代中期开始，由于整个鼓浪屿发展定位的失误，"赚钱"成了"硬道理"，精神被忽视，人文被忽视，原有产生"鼓浪屿格调"的文化教育生态被破坏，鼓浪屿沦为靠风景"卖色"、靠艺术"卖唱"的摇钱树，安静的、高雅的鼓浪屿越来越变得俗不可耐。雪上加霜的是，岛上居民出现一次"大换血"，素质骤降，学校萎缩，给岛上教育带来的负面影响日趋严重。

岛上居民的"大换血"是由于原鼓浪屿户口的居民陆续迁出，而没有户口的外地农民工大量涌入造成的。解放后鼓浪屿也有过几次外来人口迁入的高潮。这一次遇到的却是与前几次特点不同的迁入潮。

厦门二中 90 年代校园

　　这一次不同的是，由于鼓浪屿被定位为"风景旅游区"，岛上的医院、学校、科研机构、文化机构陆续迁出，岛上"原住民"中的知识分子大量流失，而外地大批来淘"旅游金"的打工族和小商贩则蜂拥而入。一出一进"大换血"，留在岛上文化素质高的"原住民"成为"弱势群体"；这一次外来的群体不再仅是来自周边的闽南地区，因此不只是文化程度的差距大，与鼓浪屿原有文化的"地域差距"也大；岛上外来群体不再是"散沙结构"，其"团体稳定性"特征更明显，有人开玩笑说，外地某村的村委会，应该设到鼓浪屿来；加上社会上"金钱崇拜"风行，清高的鼓浪屿文化因"不识时务"而曲高和寡。这些因素叠加起来形成一种态势：不是外来群体融入鼓浪屿，反而是鼓浪屿的教育文化生态被改造了。

　　岛上新的教育文化生态对教育影响极大。以前是外来群体以能融入鼓浪屿文化为荣，以子女能进鼓浪屿的学校读书为荣。家长希望孩子通过在鼓浪屿受教育来提高孩子未来的社会地位，对学校十分尊重；学校使学生视野开阔、素质和自信心倍增，学生们都珍惜机会努力学习。而现在新的"读书无用论"抬头，鼓浪屿的学校在复杂的环境中抗争，直到现在都还没走出恶性循环。鼓浪屿的教育遇到前所未有的挑战。

就是在这样的逆境中，鼓浪屿教育也没有停止改革的步伐，企图在改革中求生存，求发展。世纪之交，鼓浪屿承接教育部"社区教育"的课题，在构建"学习型社会"实验中再努力创造了一回"鼓浪屿经验"。但是，这或许是鼓浪屿教育的最后一次辉煌。2003 年，鼓浪屿行政区撤销，并入思明区，作为鼓浪屿独立的教育从此不复存在了。

## 第八节　历史的经验值得注意

回眸百年之鼓浪屿教育，历史的轨迹是一条"双峰曲线"，出现过"经典时期"和"改革开放初期"的两个高峰，两次辉煌。认真研究历史，从产生这两次辉煌的教育文化生态中寻找共性，或许可以得到一些规律性的启示。

我们发现，两次辉煌都发生在一个蒙昧时代结束之后。这种时候往往有相对宽松、相对自由的思想环境，因此也常常是思想解放之时，各种文化交锋，各种思潮活跃。

第一次，"经典时期"(1904 年—1938 年)。几千年封建王朝覆没，蒋家王朝的专制羽翼尚未丰满（蒋家王朝对厦门的控制，是在 1934 年十九路军"闽变"失败后才逐渐站住脚，紧接着抗战又去了八年），鼓浪屿又在列强的资本主义方式的统治下，文化教育有相对的西方式"自由民主"。

当时的鼓浪屿教育文化，有闽南"港口文化"的本土元素，有对日本明治维新的仿效，有基督教文化的熏陶，就是学校中主流的欧美教育，也是传统流派与现代流派并存。多元文化在鼓浪屿这特定的"安定"、"自由"的文化教育生态中和谐相处，从"磨合"到"融合"，演绎出鼓浪屿教育的经典。

第二次，"改革开放初期"。"知识越多越反动"的"文革"结束，"政治枷锁"解脱了，包括"经典时期"在内多元的鼓浪屿教育传统的价值被发现、被认可，鼓浪屿教育工作者的积极性、创造性迸发出来了。而且那时候，另一个枷锁——"金钱枷锁"尚未形成，鼓浪屿商业味道还较淡，也未受利益集团的操弄，社会还比较单纯。加上当时大家都"摸着石头过河"，"不管白猫黑猫，抓得住老鼠就是好猫"，禁区较少，经得起失败。人们没有现在的心浮气躁，校长和老师们不存在因为没在核心 CN刊物发表文章评不上职称的烦躁。所以思想有较大的自由度和创造的积极性。

改革开放初期，开放的政策使国人面对"外边"一个陌生的现代世界，震惊、焦虑激励国人奋发图强。大批"外边"先进的教育理念被引进，各种教育改革蜂起，有对被"文革"批判的教育"毒草"的再思考再认识，有对"外边世界"的学习模仿，也出现了很草根的原创，多元文化在碰撞着，试验着，百家争鸣，热气腾腾。

近些年来，在蝇营狗苟熙熙攘攘中，鼓浪屿病急乱投医，也有不少名士、专家开过这样那样的药方，但不见起色。鼓浪屿的发展走到今天，正处在"无共识状态"，令人心急。当我们在思考 30 年举全国之力，世界顶级大师为什么在中国还出不来的"钱学森之问"的时候，当我们试图重振鼓浪屿的辉煌的时候，何不静下心来，从历史的研究中"提取公因式"，寻找点规律，获得点灵感呢？

鼓浪屿教育两次"高峰体验"的历史经验值得注意。回眸百年之鼓浪屿教育，我们认识到，构建一个什么样的教育文化生态是关键所在，非常重要。

客观地说，现在大家怀旧留恋的"经典鼓浪屿"，她与众不同的文化教育、与众不同的气质，是在那中外多元文化碰撞与交融力度最大的年代和环境中形成的。鸦片战争之后到抗日战争之前，鼓浪屿的社会生态正处在那"力度最大"状态。正是得天独厚，所以与众不同。

解放后，西方教会连同帝国主义一起被赶走了。被"帝、修、反"包围封锁激怒所产生的"高度警惕性"，让"海外关系"等同于"特务嫌疑"，令人不寒而栗。一个接一个社会主义改造的政治运动，消灭了剥削阶级的同时，其他阶级也成了"国营"、"集体"的"单位人"，成了无个性蓝色的一大片。宗教和民俗是迷信，连同"封、资、修"的文化艺术，一起在破除之列。产生"经典鼓浪屿"的那种特殊的社会生态消失了，再生机制给灭了，鼓浪屿经典时期的"独特"便随之渐行渐弱，渐渐和岛外其他地区同质化。

不过，解放后还是有一些"得天独厚"的教育文化生态残存下来，使鼓浪屿有可能继续演绎一段"与众不同"：

——家庭。岛上众多的归侨、侨属侨眷"剪不断，理还乱"的海外关系，使鼓浪屿同西方文化藕断丝连；在鼓浪屿的"经典时期"受教育长大的"老鼓浪屿"风韵犹存，母校的"校训"由老校友继续在家里"言传身教"，潜移默化；厦大的教师、鼓浪屿各校的教师，大多数住在鼓浪屿，几个研究海洋、研究亚热带作物的科研机构也设在鼓浪屿，这些知识分子的子女大多数留岛读书，门第飘着书香。

——学校。校长们珍惜老校传统中鼓浪屿的"教育经典"，努力探索在新历史条件下的继承和创新；"经典时期"留下来的老教师，以及回母校教书的校友，继续延续着母校的经典。

——社会。"经典鼓浪屿"和鼓浪屿的"教育经典"得到全社会的肯定和怀念，越来越意识到这是我们最珍贵的"非物质文化遗产"；鼓浪屿还得益于有幸作为中国最小的行政区，独立运作五十余年。

随着鼓浪屿特有的社会生态与周边的继续同质化，尽管许多有识之士不断呼吁要"修复"、要"重振"鼓浪屿的经典，但历史规律不可抗拒，"皮之不存，毛将焉附"？社会生态的变化无情地使这些努力变得苍白无力。开元、思明、鼓浪屿三区合并，鼓浪屿撤区变为思明区的一个"街道"后，"鼓浪屿"不再独立存在，鼓浪屿的那些"经典"就彻底进入博物馆，或者化为用过去时态表达的、拿来招揽游客的"导游词"了。

旧的"经典"不可能"复辟"，鼓浪屿教育是否没希望了？我们还没有这么悲观。我们以为，关键在于找准着力点，应把着力点放在构建一个能再生"新经典"的教育文化生态上。

理想中的鼓浪屿教育文化生态是个什么样子？

我们想起了古代大思想家亚里士多德的一个观点。亚里士多德认为，文化思想的创造需要三个基本条件：一是天才人物对学问的真兴趣，二是充分的思想自由，三是充足的闲暇，这三条件缺一不可。

联想鼓浪屿历史的"高峰体验"，联想当今现实，古代哲人的这番话很有道理。我们的理解：

第一条是"非功利性原则"，研究学问是出于"真兴趣"，不是为升官发财，也不急功近利；

第二条是"思想自由原则"，要让敢于坚持真理的"坚守精神"和鲁迅提倡的"永远不满足现状的，永远的批判和创造精神"如鱼得水，要允许失败，要尊重和保护少数；

第三条是"闲暇原则"，不必为稻粱谋，也没有"交差"赶任务的时间焦虑，淡定、从容、舒畅，静下心来做学问，处在最佳的"创造心理"状态。

中国社会科学院的学者周国平先生说，在希腊文中，学校一词的意思就是休闲。在希腊人看来，学生必须有充裕的时间体验和沉思，才能自由地发展其心智能力。在这三个条件的基础上，再赋予新的时代元素，不就是我们理想中的教育文化生态么！

当然，这个理想中的教育文化生态应该有坚实的物质基础。我们以为这物质基础起码有两条：一是岛上居民结构，知识分子应是优势群体；二是鼓浪屿的定位要重新研究。当年是"国际化居住型公共社区"，造就了"经典"的鼓浪屿文化和教育。未来如何是好，必须有远见卓识。

未来鼓浪屿之教育文化生态，当然不必要也不可能完全复旧，但是她的核心价值应当是没有权术和功利，多元、自由、包容、和谐。这样的鼓浪屿，一定有优质的教育弥漫。这样的教育，一定会让她的学生受益无穷，永远珍惜；这样的教育，培养出的学生一定是不论走到哪里，都有一种独特的气质，"从整体人格来看都具有良好素质"，都会是三百六十行，行行受欢迎的人才；这样的教育，一定有未来的大师在默默成长。

这或许也是鼓浪屿希望之所在。

第二章

# 春风润物细无声
### ——鼓浪屿的学前教育

一说起鼓浪屿的教育，人们印象最深刻的是她的基础教育。

所谓"基础教育"包括了学前教育、义务教育（小学和初中）和普通高中教育。基础教育的特点就是为人的一生发展打基础，基础没打好，高楼就将建在沙滩上。学前教育是这个基础的基础。

鼓浪屿的基础教育，不但"学前一小学一初中一高中"教育链完整，更重要的是她的这个"教育链"的各个环节均体现了"老老实实打好基础"的特征，不急于出"神童"。

让我们到学前教育这个"基础的基础"去看看，鼓浪屿教育的"基础"是怎么打的。

## 第一节　发全国之先声的幼儿教育

在鼓浪屿这 1.7 平方公里、2 万居民的小岛上，学前教育普及面广。最高峰是上世纪 50 年代末，曾有公办幼儿园 4 所（厦师附幼即后来的日光幼儿园，以及鹿礁、笔山、龙头幼儿园），街道民办幼儿园4所（还都附有托儿所），使当时岛上大多数幼儿能接受正规的学前教育。更值得骄傲的是鼓浪屿的学前教育起步早，发全国幼儿教育之先声。

## 一、中国历史上的第一所幼儿园

从基督教"三一堂"沿永春路往日光岩的方向走百来步，就到了日光幼儿园。这原称"鼓浪屿怀德幼稚园"（解放后也曾是厦师的附属幼儿园）的幼儿园外观并不华丽，却有全中国最悠久的"园龄"，创办于1898年2月，至今113岁了。这是中国历史上的第一所幼儿园，是中国学前教育的"零点坐标"！从我们查得到的史料看，紧随这"中华第一园"诞生的是武昌的"湖北幼稚

1905年鼓浪屿教会办的怜儿堂

怀德幼儿园的课间操

园"(第二年改称蒙养院)和北京的"京师第一蒙养院",但都是 1903 年的事了,整整迟了 5 年。鼓浪屿有的家庭四代人都是这"中华第一园"的校友。从鼓浪屿走出去的杰出人才林巧稚、马约翰、殷承宗、许斐平等,都在这里受过优质的启蒙教育。

　　怀德幼稚园的创办人是位英国牧师娘,名叫韦爱莉,当年就在鼓浪屿的鼓新路 35 号自己家中办园,教几个教友 4~6 岁的孩子,还办了收容孤儿的"怜儿班",后来英国基督教长老会接办该园。1909 年迁址安海路 4 号,我国著名妇科专家林巧稚大夫小时候就是在那里受的启蒙教育。1911 年筹款在永春路现址建起园舍,正式命名怀德幼稚园。

　　幼稚园经费由英国长老会提供,初衷是为了培养新基督徒，扩充教会势力，因此早期的教育体现了较浓的宗教色彩，每日设宗教晨会，还要祷告，招收的也主要是基督徒的子女。后来，永春路园舍建成，生员容量增大，特别是经过"五四运动"和"大革命"的大洗礼，幼稚园教育的宗教色彩日渐淡薄，招生对象也不再限于基督徒子女了。该园新颖的西方教育理念和教学方法，又有外国教师任教，使当时上层家庭趋之若鹜，纷纷把子女送进园去。幼稚园生员增长的势头经久不衰，在园生数长期保持在300人上下。1916年在园幼儿甚至增至近400人，创该年全国之冠。

在一些老鼓浪屿的记忆中，解放前在这所幼儿园上学的幼儿，社会上层白领的子女居多，穿着漂亮，有些小孩上下学还有佣人伴送。这里还有一个1934年的记载，当时有教职工15人，幼儿生数315人。其中男生240人，女生75人。从这记载中我们可以发现，男女生性别比例严重失调，可见当时社会重男轻女思想还十分严重。

解放后，幼儿园改为公办，实行教育与宗教分离，彻底与教会脱钩。

## 二、福建历史上的第一所幼儿师范学校

1901年，怀德幼稚园招收几位女青年，学习教育幼儿的方法，训练合格后，发给修业证书并留作本园教师。后来幼稚园生员的剧增，教育的规范化，幼儿教师紧缺。闽南各地迅速扩张的教会幼教机构也急需大量师资。因此，在永春路的一座两层小红楼里，基督教长老会办起了培养"园丁"的学校。没想到当时由几个学生起步为解燃眉之急的"幼师班"，又创造了另一个"第一"——发展成开福建幼儿师范教育之先河的鼓浪屿怀德幼稚师范学校。

怀德幼稚园成了福建历史上第一所幼师的"附设幼稚园"，

成为幼师学生实习的基地。当时幼稚园仅留少数精干的正式教师，大量使用幼师的实习生。幼师学生轮流到基地实习，半天学习，半天在幼稚园兼课，每人每月还有 2 元白银的津贴。怀德幼师规模不大，但影响却不小，她的头几届毕业生成了厦门乃至闽南早期幼教的骨干，这所福建幼师的"大姐大"后来也长期为闽南、闽西甚至远到东南亚培养、培训大批优秀的幼教师资。

解放后，厦门师范一度搬到鼓浪屿，厦师设有幼师专业。这"中华第一园"又成了厦门师范的"附属幼儿园"，再次成为未来园丁们的实习基地，同时肩负地方幼儿教育的试验与示范任务。

# 第二节　中西合璧的幼儿教育思想

## 一、起步于西方幼儿教育思想

"中华第一园"开办之日，离德国教育家福禄贝尔创办的世界第一所学前教育机构仅隔 61 年。福禄贝尔把他创建的幼儿教育机构称为"园"而不叫"校"，就是要强调它的"学前"性质。这不是学龄儿童上的学校，而是"学前"的教育机构，是"幼儿的花园"，在其中儿童不是来读书，而是来"发展"，来"成长"的。他把幼儿放在生长发芽的种子的地位，把幼儿教师放在细心而有知识的园丁的地位上。这让我们想起了思想家卢梭的一个著名论断："教育就是生长。"

德国的福禄贝尔和意大利的蒙台梭利这两位现代幼儿教育鼻祖，以及后来美国教育家杜威的教育思想对鼓浪屿幼儿教育的影响很深。解放后，鼓浪屿的学前教育贯彻新中国的教育方针，在幼教改革创新中也一直保持兼收并蓄的传统，从古今中外的教育理念中汲取营养。

　　"中华第一园"创办的那一年，正值清末光绪皇帝搞变法维新，维新改革的许多事都模仿日本。"戊戌变法"虽然失败，却对中国后来的改革产生深远影响。1904年我国第一部关于学前教育机构的规定，张之洞的《奏定学堂章程·奏定蒙养院章程及家庭教育法章程》就能看出师法日本的不少痕迹。我国最先的一批幼教机构定名"蒙养院"，也大都请日本人管理，聘日本保姆师范生当保姆教师。就是说，我国刚起步的学前教育主流是"日本模式"。

　　反而是我们鼓浪屿的这所中国最早的幼儿园，从创园开始，推行的却是"欧美模式"——福禄贝尔和蒙台梭利的教育思想和教学法，尊重幼儿，关注幼儿个体自由成长。这在中国学前教育起步时一片"日本模式"的潮流中独树一帜。

　　福禄贝尔和蒙台梭利的教育思想，是由西方传教士带进来的，而且他们的教育思想本身，也蒙有基督教的唯心主义色彩。但如果拨开宗教的神秘外壳，内核还是闪烁着科学的智慧。

　　很典型的一个例子，当年怀德幼稚园教学上普遍使用的一种叫"恩物"的器材，这名称就弥漫着浓厚的宗教味道。其实，这是福禄贝尔创制的一套供儿童学习活动用的教学玩具（按现在的说法叫"学具"）。所以称"恩物"，是和他的唯心主义教育观有关系。福禄贝尔认为，教育的目的，是使儿童心中"神的本源"显露出来。承蒙这套器材使这"显露"得以实现，所以称之

西方传统的儿童"学具"（日光园供）

为"恩物"。

不过，如果我们从科学的角度，把"儿童心中神的本源"理解成"儿童的潜能"，理解成"人之初，性本善"古训中儿童真善美的本能，这"恩物"不就是开发儿童潜能、激活真善美的本能的教学玩具了！

凡事不能只看它表面的符号，而应看它实际上做什么，怎么做。让我们把这套"恩物"一件一件仔细分析，了解它的设计者的思想：

一套"恩物"共20件。第1件至第10件为一些小几何体，目的要培养儿童对数目、对几何的点、线、面、体及它们间的关系的感性认识。

第1件：六色小球（6个不同颜色的小木球）。功能——分辨颜色；培养数目和空间概念。

第2件：木质三体（球体，正方体，圆柱体）。功能——认识形状（立体及其截面的形状）。

第3件：正方体（由8块小正方体组成）。功能——认识化整为零；培养数的概念。

第4件：正方体（由8块长方体组成）。功能——认识长方体与正方体的关系。

第5件：正方体（由21块小正方体，6块大三角柱，12块小三角柱组成）。功能——认识大小三角柱与正方体的关系。

第6件：多种立体（由18块长方体，12块柱台，6块长柱组成）。功能——认识数的概念；满足建筑游戏的欲望。

第7件：多种平面（正方形，长方形，直角等腰三角形，钝角等腰三角形，直角不等边三角形）。功能——认识各种形状的平面；认识立体与平面的关系，由具体进入抽象。

第8件：直线（由长短不一的竹签或小木棒组成）。功能——认识直线。

第9件：环。功能——区别曲线和直线。

第10件：点（一筒豆粒或小石子）。功能——认识点，由点连成的线，以及由点铺成的面的关系。

第11件至第20件被称为"综合恩物"，其实就是手工劳作系列，让儿童在劳作实践中培养观察和创造能力，锻炼动作协调性和注意力。

第11件：打洞（用针刺小孔于纸上，表现出各种物形）。功能——锻炼手眼协调；进一步认识点、线、面的关系。

第12件：缝（在厚纸或纸板上用棉线缝出各种物形；用线将两个分离的部分缝合）。功能——培养细心和耐性，了解缝的功用。

第13件：绘画（利用多元素材自由作画）。功能——自由发展，表现潜力，培养思考与创造力。

第14件：编织（用有色的纸条或毛线编织）。功能——学习数；学习上、下；了解线与面的关系。

第15件：折纸（用彩色纸进行折、翻、压的训练）。功能——认识角、边、对角线的关系；训练注意力；形成数、方向和位置的概念。

第16件：剪贴（用小剪刀和浆糊对彩色纸剪形、分解和组合）。功能——辨别部分和整体、角与边的关系；培养顺序、美感和专注力。

第17件：豆细工（用泡软的豆子链接小竹签，创各种造型）。功能——认识立体中的角与边，由半立体进入立体。

第18件：厚纸细工（用剪、折、黏工艺对厚纸进行加工、造型）。功能——用角、边、面来表现立体；训练手、眼协调；学会安全使用工具。

第19件：玩沙（用沙进行定量游戏）。功能——取得对重量的感性认识。

儿童在小石板上涂鸦（旧影新光）

第20件：泥工（用高岭土或橡皮泥造型）。功能——艺术综合创造，满足创造与游戏的欲望。

这里哪有一点宗教迷信！也没有当下拔苗助长的浮躁。什么是基础教育？这就在扎扎实实打基础；什么是素质教育？这里关注的全是素质。

和福禄贝尔本人对几何学兴趣有关，他认为数学是宇宙建构的秩序，是科学的基础，也是探究宇宙的工具，所以他设计这套教玩具就直接从数学切入，把宇宙的秩序、数学结构和美学做了完整的结合，让孩子们在玩耍当中学，在游戏中找方法、摸索规律，在成功和失败中积累经验，潜移默化，真正"自己教自己"。

他的这套教玩具使用的材料很普通，但设计却不同凡响，体现了数学之美。不但让幼儿在游戏中对数目，对几何的点、线、面、体及其关系有切实的感性认知，更可贵的是让幼儿接触了高等数学的本质：微积分。分类便是微分，集合便是积分。这种在幼儿阶段对数学素养的培养，历经百年仍显出先知的光芒。

小班幼儿的游戏活动

　　另一位幼教泰斗蒙台梭利则更多地从人文方面切入，重感官经验的积累。她的"感觉教育"在她的教育体系中占有很重要的地位。她认为，人类为了认识客体，首先要通过感官与客体发生作用，感觉是认知的基础，感官是心灵的窗户，感官对智力发展具有头等重要性。所以通过感觉和动作训练对幼儿进行启蒙，是符合人的认识发展规律的，感觉训练与智力培养密切相关。她还认为，"手的智慧有着永恒的价值"，很重视"手的活动"对"脑的开发"的作用。

　　她设计了一系列感官训练，也有一套相对应的器材和训练方法，让幼儿在"有准备的环境"里，在老师指导下，触觉、视觉、听觉、嗅觉和味觉得到有效锻炼，并调动各种感官的协调配合，注意儿童"感觉统合能力"的培养。

　　她希望通过这种感觉训练，使儿童成为更加敏锐的观察者，增进和发展他们的一般感受能力，使他们的各种感觉处于令人满意的准备状态，以完成诸如阅读和书写等复杂的任务，把"感觉教育"和读、写、算的启蒙有机联系起来。"中华第一园"的教学也吸收了蒙台梭利的这些教育思想。

## 二、西式教育里的东方元素

或许是东洋人讲究师道尊严的那一套，对于刚废除私塾的中国人来说更驾轻就熟的缘故，鼓浪屿岛上的幼儿园在中国人当园长后，渐渐地也受了一些当时社会流行的"日本模式"影响。

日本式的幼儿教育有规范较严格的特点。规范严格有它的好处，但对幼儿而言其弊端也显而易见。它的缺点除了滥用团体活动来培养"服从"外，还有一个是"小学化"：他们将幼儿教育内容割裂成一个个独立的功课，刻板地分科进行教学。老师高高地坐在前面，孩子们一排一排规规矩矩地坐在下面，和小学课堂没有两样。

有点小学化的大班写字课

念紀影留生業畢園稚幼設附範師稚幼德懷

1935年怀德幼儿园毕业生（白桦供）

　　我们在怀德幼稚园的历史资料中也看到这种影响。我们找到怀德幼稚园1934年的一份《幼稚生成绩报告表》，这是一位"第三级"（当时一学期算"一级"，第三级就是"中班上学期"了）小朋友的成绩报告单。上边老师打了等第的科目就有：言语、国文、常识、计算、公民、唱歌、游戏、图画、手工，分科达9种之多。这课程设置就很"日本式"。

　　在一张1930年的历史照片上，我们还看到"幼稚第四级中组"（即中班下学期）的小朋友们在学写汉字，那情景就像小学生在上课。一位30年代在该园受教育的老人告诉我们，这个幼稚园毕业的儿童入小学，可跳级直接插入小学第三册（即二年级）。可见当时的幼儿园大班已不是"学前"教育了。

　　当然，鼓浪屿幼儿教育也有我们中国自己的东西。

41

在幼儿园的老照片中，我们看到当时世界书局编写的《幼稚读本》第一册。虽然因条件所限单色印刷，但每课只有两句朗朗上口的童谣，并配有我国近代著名的漫画家、教育家丰子恺先生充满童趣的插图，颇具幼童读物的特色。例如，"排排坐，吃果果。哥哥吃大果，弟弟吃小果"，看来是把中华传统文化"孔融让梨"的精神融入其中。下一课："大果数一数，一二三四五。小果数一数，一二三四五"，这不就是算术课"认识5以内的自然数"了吗！就不知道这读本是在哪个年段用，怎么用。

1941年底太平洋战争爆发，日寇占领鼓浪屿，西方教会被驱逐，怀德幼稚园被日本占领者改为"鼓浪屿幼稚园"。除了实行奴化教育外，幼儿的课程也都日本化了。直到抗战胜利，幼儿园才收回复办。

# 第三节　在"文革"前的幼儿园里

## 一、继承：西方的教育传统没有丢

这所中国历史最悠久的幼儿园，在她百年历史进程中受各种社会思潮和教育主张的影响，不同时期有不同的教育特点，但影响最深的看来是福禄贝尔和蒙台梭利这两位泰斗的教

幼儿在沙坑里的攀登架上玩耍（日光园供）

育主张。这也成为一种教育传统，影响了鼓浪屿学前教育一百多年。新中国成立后，这些西方的教育传统也一直没丢。

让我们走进50年代的日光幼儿园感受一下解放初典型的鼓浪屿学前教育。

丰富多彩的室外童玩（日光园供）

50年代的日光幼儿园，永春路原幼师这一侧，已归幼儿园，二楼是教师办公室，底层为幼儿教室和礼堂。永春路另侧的园舍只有一层，是活动室，室外为活动场地。

室外活动场地依坡而建，辟为两平台。低的一层为操场，铺着渗水砖。高的一层是个大沙坑，摆放着许多大型运动器械。沙坑周围绿树成荫，操场则阳光灿烂。

沙坑里屹立着木制的攀登架和滑梯。攀登架呈塔状，由几面垂直的木梯和高低不同的水平小平台组成，儿童爬上爬下，手脚并用。上攀难，下来也不易，上下一趟，小手臂肌肉会因用劲而发抖。滑梯则让儿童享受着"势能转化为动能"的快感，男孩女孩都争先恐后，乐此不疲。

秋千、浪桥和跷跷板则是"动感地带"。女孩是秋千的常客，双手抓住两条吊绳，优雅地坐在两绳间的木板上轻轻摇荡。男孩上秋千可不那么文雅，整个人站上木板，双手抓住绳子，双脚用劲蹬板，让秋千"飙"上高空。不过也不是越用力就荡得越高，用力的节奏很重要——长大后就会学到，"要与摆的固有频率一致"。浪桥的常客则是男孩，在大风大浪中保持平衡的本领就从这里练起。跷跷板的玩客就不分男女了，玩起来忽上忽下，胆小者小手都捏出汗来。当然也有得意时，当"以一翘二"时，或已不自觉地运用了杠杆原理。

沙坑是最能激发孩子们想象力的地方。女孩子用小铲和小桶装沙，又拾些落在沙坑的树叶枯枝，玩起"办公伙子"(即北方称的"过家家")来。男孩子则在沙坑挖地洞，堆小山。有时挖个坑，捡些枝叶盖住，上边洒些沙稍作"伪装"，再恶作剧地引人去踩"陷阱"。有时什么目的也没有，双手捧起一坨沙，任凭沙从指间滑落，随风飘扬。

沙坑边草木虫鸟，更让孩子们与大自然"亲密接触"：春天看着野草的绿芽钻出地面，夏天听着树上知了不知疲倦的叫唤，秋天拾起落地的彩叶，冬天可以数着排长队搬食物的蚂蚁，有的小朋友声称认得出蚂蚁中的"老相识"！这时候，没有人逼孩子们背唐诗，可孩子们满脑子诗情画意；这地方，没有人催孩子们弹琴"考级"，可孩子们兴高采烈心里直唱歌！

铺着渗水砖的小操场是孩子们集体运动的地方。由于铺渗水砖，小操场下雨也不积水。小操场上，冬天阳光下的徒手操和列队按音乐节奏踏步走，使孩子们全身暖和起来。当时没有录放机，更没有音响，常常把风琴搬到操场去伴奏。

在操场上，师生合作的"老鹰捉小鸡"是常有的集体游戏，老师在这游戏中的角色常常是扮演保护小鸡们的母鸡，母爱四射。"迎面接力"和"拔河"是最具竞争性的团体赛。"迎面接力"不用接力棒，只要拍到对面队友的手就行。在操场上，拍橡皮球、跳绳、踢毽子、滚铁环、掷垒球是孩子们室外运动课程的内容。那时还有一种团体操叫"哑铃操"，一人一副木制哑铃，做操时哑铃整齐碰撞声凸显了器械操的节奏。

集体活动有的是在室内进行。室内活动常见教室里老师弹着风琴，孩子们和着音乐节奏踏步走圈、唱歌做动作。当时全园只有一架钢琴，放在礼堂里供大型活动用，风琴倒是每个教室都有。

"火车过山洞"的游戏和"老鹰捉小鸡"一样充满刺激性。两个孩子面对面双手对接拱成"山洞"，一队孩子双手搭在前一位小朋友肩上，串成一列"火车"，大家唱着"开起火车过山洞，过山洞，过山洞。开起火车过山洞，轰隆隆隆！"的歌逐个从"洞"中穿过。当唱到"轰隆隆隆"的最后一个"隆"字时，"山洞"突然扣下来，套住谁谁受罚。谁都不愿受罚，所以越唱到后面，"火车"越转越快，都想躲过"山洞"扣下来的瞬间。

需要一点技巧的室内活动是"扔套环"，要把几个竹藤编成的套环（当时还没塑料环）扔出 2 米远，让环套在竖立的小木柱上，没经过练习是不容易成功的，也不是男孩一定取胜的项目。而用沙包打仗是男孩子创造的"另类游戏"，沙包原是女孩们斯文的玩具。

幼儿园有一间专门的教室，放着一套木制的大积木。这套大积木听说还是当年从英国进口的原装玩具，已经玩了几代人。这是一间对孩子很有吸引力又有点神秘的教室，因为这里不是随时可以进去玩，一学期才轮几次。这大玩具比小积木更吸引孩子，在这里孩子们可以自由想象，建起人可进出的"城堡"，搭起可坐上去的"火车"，干起活来还要出点力，有身临其境的真实感和当上工程师、建筑师的成就感。

分班课程很能体现福禄贝尔和蒙台梭利的幼儿教育思想。让儿童在故事中、在游戏中、在音乐中、在图画手工中、在室内外的各种活动中，手脑并用，活动、思考、创造，小肌肉小骨骼和视、听、嗅、味、触各感觉器官都得到发展，动作协调性得到锻炼，语言、交往能力得到提高，也为智力开发打下扎实的基础。

听老师讲故事是最受孩子们欢迎的课。小时候听的故事终身难忘，而且长大后常常还拿来教育下一代。"白兔和乌龟赛跑"

的故事就是大家最熟悉不过的经典。骄傲的白兔凭着先天的优势，不把"一步一步慢慢爬"的乌龟放在眼里，比赛时轻敌睡大觉。乌龟不自卑自弃，目标明确，意志坚定，在众人的嘲笑中一步一步往前爬。最后，取得比赛胜利的竟是默默无闻不被看好的乌龟！这故事诠释的哲理让小朋友一辈子引以为鉴。

美术课：先是用小白石笔在装有木框的小石黑板上涂鸦（当时人手一套。这种画具的优点是可擦掉重画，很适合涂鸦。这东西现在没地方找了），进而用蜡笔在纸上画画（当时彩色铅笔还很"贵族"），大一点后学用水彩。

手工课：用纸折飞机、船、帽子。用剪刀剪五角星、彩条。用各种树叶拼成图。更立体的劳作是"泥工"，用白色的高岭土印制小糕点，捏搓水果、小人、小动物、小屋、小山、小车小船小飞机什么的，而且常常把手工和游戏合为一体，"沙盘演练"起来。

有的课让孩子们学系鞋带、扣纽扣、缝针线，即培养劳动技能，又练手眼协调。

有一些课是专门为孩子们的"感觉能力"均衡发展开设的，例如：摆出苹果、香蕉、梨子，先引导孩子们看、闻、摸，对各种水果的形、色、味和表皮质感形成印象，再把孩子眼睛蒙住，让他凭嗅觉分辨水果。或用小布袋把水果装入，让孩子的手伸入袋子里，凭触觉按形状、表皮质感把不同水果摸出来。有的课是蒙起孩子们的眼睛，让他们听声音，凭声音判断乐器的种类和发音的方向，或感受不同物体、不同动物发出的声音。这是蒙台梭利的"感觉教育"。

还有些课更独特，直接用福禄贝尔和蒙台梭利设计的儿童教学玩具。这些教玩具让孩子们在玩耍中，自己观察、自己比较、自己判断，创造自己的"规则"对物体进行分类、组合、建构。

这些游戏作业平淡无奇，没有"珠心算"、"讲双语"那种哗众取宠的轰动效应，但却是让孩子们在玩当中学习，不但感觉能力健康发展，而且从小锻炼了观察能力，建立了"秩序"、"规则"意识，培养了好奇心和良好的思维习惯，厚积薄发，对今后的学习和生活影响深远，受益终生。

鼓浪屿的幼儿园得天独厚，岛上风景如画，又是一个连自行车都不准骑的"步行者天堂"，整个鼓浪屿都成了大校园。经常有老师把整班的孩子们带出去在"大校园"里散步，这也是一种独特的课程——无主题的畅游，自由玩耍，接触和感受大自然、大社会，让幼小的心灵诗情画意，完满充盈。

岛上的大街小巷里、公园的树荫花丛间，孩子们在老师的带领下三五成群散步漫游，各有关注的对象，有的观察路边的小花，有的追逐蝴蝶，有的对小商贩的叫卖感兴趣，有的叽叽喳喳在讲着、争论着。海沙滩更是孩子们放飞想象的广阔天地，玩沙、捡贝壳、戏浪、奔跑，大喊大笑，流连忘返。老师们和孩子们平等地玩耍、交流。像是无主题，其实主题一路走一路随时生成；像是无目的，却可收到"于无声处听惊雷"的效果。有时会把这种活动冠以"找春天"一类富有诗意、包容性大的主题。

这让我们想起在《论语·先进》篇中，曾读到过的这么一段文字。孔夫子对几个学生在回答"言志"的提问时所表达的"雄心壮志"都不满意。最后发言的学生叫曾点，很低调，他的"大志"仅仅是："暮春者，春服既成，冠者五六人，童子六七人，浴乎沂，风乎舞雩，咏而归。"用今天的话就是，暮春时节，穿上合时的衣裳，几个孩子和年轻的老师一起出游，在沂河边洗洗澡，到舞雩台上吹吹春风、晒晒太阳，融合到春天里去，然后唱着歌尽兴而归。所描绘的情景和鼓浪屿孩子们的活动何其相似耳。孔子听了曾点的这个回答，才长长地叹了一口气说："吾与点也！"——我的心愿和曾点是一样的！

看来，孔夫子也不主张"假、大、空"和急功近利的教育，他欣赏的是这种把自己融入万物，融入大自然，追求天人合一的心灵提升和人格完善的教育境界。看到鼓浪屿孩子们畅游于大自然寻找春天的活动，孔夫子该可以为后继有人放心了。

儿歌、童谣也是幼儿教育的重要载体。

有一个经典的儿歌表演："老公公拔萝卜"，是古早至今耳熟能详的"保留节目"。老公公种了一棵大萝卜。收成时，老公公一个人"嘿哟嘿哟拔不起"，于是请来老婆婆帮忙，嘿哟嘿哟还是拔不起。于是又请小朋友，再请小花狗、小花猫，大家齐心协力，终于将大萝卜"拔起来了"！"团结力量大"的道理在这载歌载舞的"寓言"表演里被淋漓尽致地表现着、感受着，教育了好几代人。

每天上午有个课间休息，小朋友要停下来吃点心。点心常是幼儿园自磨的豆浆（大豆浆或花生浆），有时还有一小块饼干。小朋友面前小桌上摆放着豆浆杯，老师把热腾腾香喷喷的豆浆分到每人的杯里。小朋友洗干净的小手，掌心向上，放在端坐的双膝上。闻着豆浆诱人的香味，口水直吞，却要坚持齐诵童谣："豆浆香，营养多。小朋友，快来喝。喝了豆浆身体好，谢谢老师阿姨的辛劳。"诵毕，还得齐声说："老师请喝豆浆"。待老师答道："小朋友请！"大家才端起杯子喝起来。日复一日，年复一年，这"喝豆浆礼"和"豆浆歌"，把保健常识、尊重劳动、懂得感恩的教育都潜移默化其中了。

还有一首童谣是关于手帕的："小手帕，真美丽。红的红，绿的绿。可以拿来擦鼻涕，天天放在口袋里。"提醒大家带手帕，养成良好的卫生习惯。那时没有现在的方便纸巾，可重复使用的布手帕比纸巾环保多了，可以少砍很多树。

年轻的爸爸妈妈们，不要小看这些童谣和这些幼稚的"儿戏"，这才是人生"起跑线"上需要打的最重要的基础。千万不要为追求一些"神童"的雕虫小技和大人一时的虚荣而让自己的孩子输在起跑线上！

## 二、发展：从"苏式教育"里吸取营养

解放后，中国的教育曾一度全盘学苏联，后来又把苏式教育当修正主义全盘否定。其实苏式教育并非一无是处，鼓浪屿幼儿教育也留有苏式幼儿教育的痕迹。

苏式幼儿教育在教育教学上强调科学性，强调较有系统地进行教学，有较重的"教师中心、课程中心"的味道，与欧美进步主义教育的"儿童中心论"倾向有较大差别。

鼓浪屿幼儿教育在保留有欧美传统的同时，也吸收了苏式幼儿教育的一些做法。例如教师任课形式是"全日带班法"而不是"分科兼任法"；重视幼儿集体主义（现在叫"团队精神"）的培养；注意组织兴趣小组活动；扩大了值日生、园艺等劳动项目，注意对幼儿进行自我服务能力的培养；设置"自然角"，既美化环境，又成了幼儿观察、研究生物的实验基地，等等。这些"苏联模式"经受了实践的检验，至今还发挥着作用，在鼓浪屿这块土地上，与欧美传统和"中国创造"和谐相处，互补共生，融为一体。鼓浪屿幼儿教育的神奇和魅力就在这里——她有海一样的包容性。

苏式幼儿教育还强调了面向大众的方向，正好与当时我国"教育要为无产阶级政治服务，教育要与生产劳动相结合"的教育方针相吻合。解放

幼儿的室外活动（日光园供）

后，幼儿园收归公办，办园经费政府保障，使劳动阶层的孩子接受学前教育的权益得到保障。日光幼儿园创造性地在厦门第一个实行"寄宿制"，不但可以寄午膳、午睡，还可全日托、假期托；全体保教人员还学会为幼儿理发、裁衣、缝补的本领，提出"随到随收"的入园制度，多样的便民措施保证了家长们安心生产、工作。

日光幼儿园很重视示范与辐射作用。1958 年协助街道办起3 所民办幼儿园，为鼓浪屿在本市率先普及幼儿教育，实现全岛及龄儿童都能入园的目标作出重要贡献。当年还抽调部分教学骨干，支持郊区农村筹办社队幼儿园，那时候厦门郊区广大农村学前教育是一片空白。

这些创造使日光幼儿园走到全国前头，1960 年受到国家表彰，获"全国文教先进集体"称号。

解放初，鼓浪屿学前教育还有一项开先河之举。新中国刚成立，提倡男女平等，支持妇女解放。大家知道，幼儿是 3 岁才进幼儿园，3 岁之前的幼儿一般由母亲在家教养。为鼓励妇女走出家门参加社会主义大建设，"托儿所"这种 3 岁前幼儿的保教机构就成了新生事物倍受重视。1950 年初，厦门的第一个托儿所在鼓浪屿诞生了，这是由厦门市民主妇联筹委会和毓德女中校友会联合创办的"毓德示范托儿所"，同时还办起第一个"保育员训练班"，培养新中国的第一批幼教保育员，一口气创下了两个"厦门第一"。

这示范托儿所选址日光岩脚下的"瞰青别墅"，训练班则借毓德女中在田尾的教室上课。托儿所的幼儿主要是毓德校友的子女和厦门大学教工的子女。

"文化大革命"，教育园地"宁长社会主义的草，也不要修正主义的苗"，对于鼓浪屿这种保留了不少西方幼儿教育思想的幼儿园，这种"帝国主义文化侵略的产物"，自然成了被砸烂的对象。"文革"初期，日光幼儿园先是被针锋相对地改为"反帝幼儿园"，不久也和厦门其他幼儿园一样，通通被解散了。老师下放的下放，转行的转行，都走光了。使用了几十年的教玩具遭盗窃，遭毁坏，也糟蹋光了。直到 1974 年幼儿园才作为鼓浪屿人民小学附设幼儿园得以复办。

## 第四节　改革开放老树发新芽

### 一、"融合"与"创新"成就鼓浪屿幼儿教育的特色

1978 年改革开放，政府重视教育。80 年代初，日光幼儿园旧园舍被拆除，按新时期幼儿教育的建筑规范在原址建起新园舍。区政府调回几位老幼教工作者当骨干，重建一支热爱幼教事业年轻的教师队伍。这支老带新的队伍，重视幼教理论的学习，从大练教学基本功入手，要求做到"七会"：会弹（弹琴）、会唱（唱歌）、会跳（跳舞）、会画（画图）、会读（朗读）、会讲（讲故事）、会写（粉笔、钢笔、毛笔字），提高教师队伍素质。她们还注意继承这"中华第一园"的教育传统，特别注意充分利用鼓浪屿优越的自然和人文资源。

80 年代初，日光幼儿园利用鼓浪屿得天独厚的海岛沙滩资源，发

幼儿日光浴（日光园 供）

挥该园重视幼儿室外活动的专长,创造了幼儿"三浴"(日光浴、空气浴、海水浴)锻炼的经验:从夏季起,每天早晨7点钟,准时带着孩子们到海边,让孩子们戴上太阳镜,赤裸上身,躺在沙滩10分钟,晒太阳,吹海风,做运动,循序渐进坚持到冬天。目的是锻炼儿童的意志力,增强儿童的体质和免疫力。

这古罗马时代斯巴达人式的举措,再次把"增强儿童体质"摆上幼儿教育的首位。听惯了"突出政治"口号多年的幼教工作者们,第一次听到健康竟然应该排在政治的前面成为"第一",耳目一新。这项改革也受到广大家长们的欢迎和支持。

80年代初日光幼儿园的第二个创举,就是利用鼓浪屿这"音乐之岛"的人文优势,率先组织起幼儿器乐兴趣小组,学弹钢琴和拉小提琴。因为鼓浪屿历史上曾经出过不少中外著名的钢琴家、小提琴家,此举是试图在新时期里再造鼓浪屿的音乐土壤。当时还没有"升学加分"、"考级"这些急功近利、折磨孩子的玩意儿,让孩子学学器乐,纯粹是想对儿童进行音乐启蒙,发现和培养艺术幼苗。

日光幼儿园的这项试验与人民小学的艺术教育试验不谋而合。这两所学校一联动,沉寂多年的鼓浪屿突然琴声悠扬,"文革"后鼓浪屿教育改革的"第一声",竟然是由钢琴、小提琴这"贵族艺术"奏响,少年儿童当先锋。

1987年,美国哈佛大学加德纳教授为首的联合国教科文"零点计划"可行性考察团一行,把鼓浪屿日光幼儿园和人民小学的艺术教育和全面发展教育作为考察点,两次来幼儿园做实验观察,对这两个学校的探索十分感兴趣。

80年代日光幼儿园还做出一件具有"国际影响"的事:向菲律宾"输出"鼓浪屿的幼儿教育理念和幼儿园管理模式。

1984年起连续五年,日光幼儿园每年都接收菲律宾华文学校的教师来见习。菲方对鼓浪屿的幼儿教育经验和幼儿园管理模式很欣赏很重视，回去后一不做，二不休，直接聘请该园几位教学骨干赴菲，到当地华文学校"传、帮、带"。会说"双语"（普通话和闽南话）的老师带着鼓浪屿的幼教模式一到菲律宾，就受到当地华人华侨的欢迎。单是"寄午膳"一招的实行，就使老华侨喜出望外。

原来老华侨最担心从小长期跟着菲佣长大的孙辈被同化成"小番子"。现在一寄午膳，小孩一天八九个小时都在祖国的语言文化环境中生活学习，中国话突飞猛进，效果看得见，爷爷奶奶乐得合不拢嘴。一传十，十传百，实行这种制度的幼儿园生员立即爆满。由于鼓浪屿老师对当地华文教育的贡献，她们的照片被放大，作为有重大贡献的"外国专家"挂在幼儿园的大厅里，载入当地菲华教育史册。

20世纪90年代中后期，全国学前教育走入低迷，很多幼儿园不得不违背教育规律去迎合市场，去迎合望子成龙家长们的拔苗助长要求。厦门学前教育在低谷中屡败屡战，为坚守教育理想艰难地抗争着。有幸的是，国家及时出台了《幼儿园教育指导纲要》，为新世纪的学前教育指明了方向。2001年国家又启动了基础教育课程改革，厦门成了38个首批国家级课改实验区，厦门的学前教育才乘此东风，加快改革复兴的步伐。

低谷时，鼓浪屿又被定位为旅游风景区，"原住民"大量外迁，幼儿园生员不足，直接威胁幼儿园生存；家长结构也发生大变化。许多文化素质较高的"原住民"外迁出岛，新进鼓浪屿的则以打工族和小商贩为主，加上重赚钱忽视教育的社会风气盛行，鼓浪屿原有的"家庭教育与学校教育和谐衔接"的优势不复存在了，教育遭重创。尽管如此，鼓浪屿幼儿教育，特别是"中华第一园"仍坚持教育改革试验。

1999年，日光幼儿园开展"操作学习法"试验，鼓励老师们创造有利孩子们主动学习的"学具"，让孩子们在"操作中学习"。这让我们自然想起福禄贝尔的"恩物"和蒙台梭利的教玩具。有这些老传统，老师们创新就有"站在巨人肩上"的优势，更加得心应手了。

2001 年，日光幼儿园主动争取成为厦门市的"陈鹤琴教育思想

户外观察活动（日光园　供）

科研基地"，运用我国教育家陈鹤琴的"活教育"理论开展课改实验。

陈鹤琴先生和陶行知先生一样，是我国近代西学东渐大潮流中站在历史前沿的大教育家。他们都从中国国情出发，学习和引进西方"进步主义教育思想"来改革中国传统教育，创造有中国民族特色的现代教育。

陈鹤琴先生的"活教育"教学论提出"大自然、大社会都是活教材"，其核心精神是："以大自然、大社会作为主要的教材，贴近儿童的生活；凡是儿童自己能够做的、自己能够想的尽量让儿童自己去做、去想；通过多种活动使儿童获得直接知识、积累直接经验；各科混合，互相关联，整体进行。"陈鹤琴先生的"活教育"思想既保留了福禄贝尔和蒙台梭利以及杜威教育思想的许多精华，又有很多新的突破，很合鼓浪屿的水土，很合"中华第一园"的传统。老师们敏锐地抓住这理论，将其"现代化"、"鼓浪屿化"，设计出试验方案，在教学中实验起来。

## 二、从一个班的案例领略鼓浪屿幼儿教育的新改革

这里还得提一提厦门的一项创造。根据《幼儿园教育指导纲

要》，福建省的幼儿园课程是按健康、语言、社会、科学、艺术分五个"领域"设计的。厦门幼教工作者认为，幼儿的活动，很难像中学课程那样分得出学科"领域"来。比如"找春天"活动，既是观察、感受季节变化的"科学"教育，又是"语言"的听、说交流；既有养成"积极参与""与人分享"品质的社会化功能，又是增进健康的有氧运动，还能接收大自然美的熏陶。五个"领域"都涉及，具有整体、综合的特征。

因此厦门提出以"主题"来设计课程，一个"主题活动"往往整合了好几个"领域"的目标内容，也体现了陈鹤琴先生关于儿童活动"各科混合，互相关联，整体进行"的思想。厦门幼教界的这一创新，很快获得全国同行的认可。

日光幼儿园老师们设计的实验课程，就是以一个个"主题"，既在幼儿园里，又走进大自然、大社会展开的。我们在日光幼儿园编写的一本叫《童心无界》的书中，可以读到很多生动的案例。我们进入一个小班的案例中去领略一下。

这是一个以《好玩的地方》为主题的系列活动。这主题是杜珍珍老师让班上小朋友欣赏自己深圳出差带回来的照片引起的。当时小朋友们兴奋地联想各自曾去过的"好玩的地方"，杜老师想，何不顺应孩子们的兴趣，充分挖掘社区资源，让他们进一步领略鼓浪屿宜人的旅游景点，同时激发幼儿爱乡爱岛的情感呢？于是设计了这一套主题活动。以下是杜珍珍老师和丁育婷老师的"活动观察记录"（笔者略有删改）。

**【活动观察记录一】我知道的"好玩的地方"**

为了了解孩子们已有的经验，我与孩子们进行了这么一次对话：

老师：你们知道哪些地方好玩吗？

王政圣：我去过日光岩，日光岩有缆车。

陈伟恩：我知道百鸟园里的小鸟会表演。

……

孩子们议论纷纷，恨不得把自己去过的地方一口气全部介绍给好朋友，情形十分热烈。

老师：日光岩是厦门最出名的景点之一。

林睿文：老师，我没去过厦门的日光岩，我只去过那里（他伸出手指，指了指窗外的日光岩）。

老师：那里是什么地方？

林睿文：那是鼓浪屿的日光岩，妈妈带我去过。

老师：你回去问问妈妈，"鼓浪屿的日光岩"和"厦门的日光岩"是不是同一个地方。

可以看出，幼儿对自己的经验充满兴趣，就连平时不爱讲话的张燕萍也能与别人分享自己的经验，真是令人高兴！但我们发现，幼儿受"老鼓浪屿"对地域认识的影响（老鼓浪屿人所称的"厦门"，是指与鼓浪屿隔海相望的鹭江道、中山路一带的老市区），以为鼓浪屿和"厦门"是两个地方，不知道鼓浪屿是厦门市的一部分。经过这次活动他们弄清楚了。

## 【活动观察记录二】我去过的"好玩的地方"

为了让幼儿共同分享，我通知孩子们把自己在"好玩的地方"拍的照片带来，搞个"影展"。今天不少孩子带来了照片。我们发现，带照片来的孩子都特别主动地向同伴介绍自己的经验，没带照片来的孩子也没闲着，他们欣赏着别人的照片，并参与讨论：

老师：小朋友，你们去过哪些好玩的地方呢？

朱奕唯举起照片兴奋地说：我去过北京！北京的长城很好玩。

陈贤达拿着厚厚的一叠照片说：我去过环岛路，环岛路很好玩，有游乐城、会展中心。

林睿文报告说：我去过爸爸上班的地方，那里很好玩。

黄灵慧问：你爸上班的地方是哪儿？

林睿文回答：我不知道。那里有郑成功像，还有很多孔雀。

老师：带照片来了没有？

林睿文举起照片：这照片就是我爸上班的地方（照片上显示那里是皓月园）。那里是……我忘了，我回去问爸爸。

直到下课，还有不少孩子挤在影展前欣赏、讨论着。从他们的讨论中知道大部分孩子都有海边沙滩玩沙的经验，一说到玩沙都兴奋极了。何不从孩子们最感兴趣、最熟悉的事物入手？ 于是我决定从沙滩开始我们的"鼓浪屿之旅"。

### 【活动观察记录三】美丽的海沙滩

鼓浪屿沿海沙滩，是一道独特的风景线，又是很好的教育资源。玩沙是孩子们最喜欢的游戏。为了让孩子们充分感受海沙滩的美，与大自然最亲密地接触，我决定带孩子们到沙滩玩。

### （一）

一早，孩子们得知今天要到港仔后海边沙滩玩，别提有多高兴了，连平时点心吃得最慢的几个小朋友今天也不用老师一再提醒了，早早吃完点心就去准备玩沙的工具。孩子们一到沙滩，兴奋地笑着、叫着、跑着、跳着……

### （二）

玩沙时，何娜娜捡到一颗小西红柿，问我："老师，沙滩上怎么会有西红柿呢？"于是，孩子们就此展开了讨论：

王政圣很有把握地说：我知道是"西红柿树"上长的。

陈达欣反问：沙滩上"西红柿树"在哪里？

大家环顾四周，没有发现"西红柿树"。

何娜娜：可能有一位叔叔吃不完扔的吧！

老师：应该扔到哪里好呢？

孩子们异口同声回答：垃圾桶！

### （三）

我感觉到孩子们开始具有一定的环保意识了，决定随机开展环保实践活动。我拿来一个垃圾袋，让孩子们一起动手收集沙滩上的垃圾。

不一会儿，孩子们纷纷把捡到的纸张、橘子皮、瓶盖扔进垃圾袋里。王政圣满头大汗地捡来两块小石头："老师，我捡到了石头垃圾！"。一旁的陈达欣立即弯腰捧起一大把沙："老师，我捡了沙子垃圾！"。其他孩子见状也都兴奋地将沙子、石头捡起来往垃圾袋里装，只听"扑哧"一声，垃圾袋承受不住沙石的重量裂开了。

我发现，孩子们懂得垃圾应该扔进垃圾桶，并对垃圾桶的不同颜色产生了兴趣，但是他们并不清楚哪些东西是垃圾。我决定增加相关活动，帮助他们形成正确的概念。于是，我布置孩子们回家请教家长："沙滩上的西红柿从哪儿来？""我们捡的哪些是垃圾，哪些不是。"

## 【活动观察记录四】垃圾分一分

### （一）

第二天，孩子们一来幼儿园就讨论开了。"我奶奶说，西红柿是有人不讲卫生乱扔的。""我妈妈说，西红柿、橘子皮、瓶盖是垃圾，应该扔进垃圾桶。""爸爸说，石头、沙子是沙滩上本来就有的，不算垃圾。""我妈告诉我，垃圾可以分为可回收和不可回收，还有一些是有毒的。"听了他们的汇报，我深深感受到家庭是幼儿园教育最好的延伸场所，家园的同步教育可以使孩子们获得更多、更好的帮助。

孩子们对那天捡的东西哪些是垃圾，哪些不是取得共识后，我拿来那天捡的"垃圾"，让孩子们重新进行一次分捡。

## （二）

我觉得有必要加深孩子们对"垃圾分类"的了解，就带领他们观察幼儿园门口垃圾桶。

老师：小朋友，这几个垃圾桶颜色一样吗，有什么不同？

林睿文：我看到一根三角形的柱子把两个垃圾桶从中间连起来。

陈毅凯：有一个垃圾桶是黄色的，一个是绿色的。

申屠颉恺：我在轮渡还看到三个垃圾桶连在一起，有一个是红色的。

黄灵慧：老师，我看到绿色的垃圾桶上画着青菜、鱼骨头、西瓜皮、橘子皮。

张文瀚：我看到黄色垃圾桶上画了一个三角形。

王政圣：我妈说，黄色是装可回收垃圾，绿色是装不可回收垃圾，红色是装有害垃圾。

朱奕唯：我妈妈说橘子皮是可以回收的。

## （三）

观察完垃圾桶，我请孩子们回幼儿园。我事先准备了一些"垃圾"，让他们分类放入垃圾桶。发现孩子们基本投放准确，说明他们已初步形成较准确的垃圾分类的概念。

分组活动时，娜娜画了一个垃圾桶，另一些小朋友提议为班级做一个可以分类的垃圾桶。我问他们，用什么东西做？他们说用纸盒。真有创意！

## 【活动观察记录五】鼓浪屿之波

从沙滩回来路过菽庄花园，这是鼓浪屿上著名的景点。花园内有个"钢琴博物馆"，更是因其高雅的文化内涵吸引着中外客人。我把鼓浪屿钢琴博物馆定为我们"鼓浪屿之旅"的第二站。

### (一)

孩子们对钢琴博物馆很感兴趣，尤其是对各式各样年代不同、外型各异的钢琴。

黄灵慧：我看见有的琴上有蜡烛，是要让人看清楚弹琴的谱子。

王政圣：我看到的是油灯，不是蜡烛！

陈毅凯：我看到一位阿姨琴上放一张纸，只用脚踩，不要用手弹，钢琴就可以发出声音。

林睿文：在菽庄花园里，我一直听到叮当、叮当的声音，好像在弹琴。

林睿文：我也听到，真好听。我家隔壁的姐姐也经常弹这首歌。

原来，他们听到的是菽庄花园播放的背景音乐、厦门钢琴名曲——《鼓浪屿之波》。

### (二)

《鼓浪屿之波》是代表鼓浪屿形象的一首钢琴曲，作为鼓浪屿的孩子更应了解这首曲子，在优美的旋律中感受家乡的魅力。我组织了一次《鼓浪屿之波》乐曲欣赏活动。听完这首钢琴曲后，我让孩子们谈感受。

杨蕴稀：像在准备睡觉。

林钧：我听到哗哗哗的声音。

林睿文：不是啦，那是海水的声音！

陈毅凯：是海水打在石头上的声音。

何娜娜：像杜老师弹琴。

今天这一首钢琴曲伴有背景音乐（海浪的声音），使旋律由抽象变形象，变具体，帮助孩子们很快进入曲中"鼓浪"的意境，身临其境感受旋律的优美，感受大自然的音乐。

（三）

在幼儿园的活动室里，我发动老师和家长们一起收集"鼓浪屿钢琴博物馆"的各种照片，并准备了各种钢琴 CD，这"小小钢琴图片馆"便"开业"了。小朋友们可以在观看古今各种名琴图片的同时，还可欣赏世界钢琴名曲。孩子们参观踊跃。

### 【活动观察记录六】百鸟园真好玩

自从"好玩的地方"影展开展之后，百鸟园一直是孩子们讨论的主题。王政圣小朋友不停介绍着自己在百鸟园的见闻，并告诉大家，他的爸爸就在百鸟园工作，可以解答小朋友关于小鸟的各种问题。这是好机会，于是百鸟园成了我们"鼓浪屿之旅"的第三站。

（一）

孩子们一到百鸟园，就被五颜六色的小鸟吸引住了。

周珊珊：老师，小鸟的脚上有字！

谢晓芸：小鸟在向我问好。

张燕萍：小鸟在吃饭呢！（看见一位叔叔在喂鸟）

陈毅凯：叔叔，小鸟吃什么？

叔叔：有的小鸟吃谷子，有的吃菜，有的吃鱼。

孩子们不仅注意到小鸟的颜色，珊珊还观察到小鸟脚上有字（那是百鸟园给每只鸟做的记号），观察得真够仔细！参观途中，他们总是小心翼翼，生怕惊吓小鸟。

为了开拓孩子们的视野，我请在园里工作的家长给小朋友介绍有关小鸟的知识，并帮助我们收集小鸟的羽毛和图片，布置在幼儿园的活动室里，让孩子们参观欣赏。

## （二）

回到幼儿园，我让孩子们把自己今天看到的鸟画下来。孩子们用各种表现方式表达了自己在百鸟园的见闻。

老师：请小朋友介绍一下你画的是什么。

周珊珊：我画了三间房子，小鸟说太美了，她要住进去。

王政圣：我画的是小鸟的爸爸在喂小鸟的妈妈吃虫子，小鸟自己在一边吃虫子。（全班听了哈哈大笑）

陈达欣：我看到的小鸟，羽毛是灰色的。我画了灰色的羽毛。

何娜娜：我觉得孔雀的羽毛五颜六色，最美。

王政圣：孔雀的羽毛有毒！

老师：是的，孔雀羽毛圆圆的地方有许多荧光粉，是有毒的。

## （三）

我把孩子们带来的各种小鸟照片和羽毛，在教室里布置了一个"小鸟的羽毛真美"的专栏。孩子们边观看边谈开了：

王政圣：这只小鸟嘴巴红红的、脚白白的，羽毛有很多颜色，我知道它叫五颜鸟。

张百灵：我看到孔雀开屏。它的嘴巴尖尖会咬人。

何娜娜：这是鹦鹉，它有勾勾的嘴巴，五颜六色的身体。

朱奕唯：那天我看到"公主"（百鸟园里一只鸟的"名字"）黄黄的，表演的时候坐在长形车上，鹦鹉用嘴巴推它。

陈达欣：有一只珍珠鸟飞到我这边来。我看到它身上有白白的点，像妈妈戴的珍珠项链。

何娜娜：有两只小鸟在大树上做游戏。

林睿文：不是两只小鸟，是两间小房子。

朱奕唯：我知道两间房子是小鸟睡觉的。没有小房子，小鸟

　　就不知道在哪里睡了。它要找一个地方睡觉。

　　今天孩子们的观察更仔细、交流的话题更广泛了。

　　……

　　读了这个主题系列活动的案例，我们可以粗略了解新世纪鼓浪屿幼儿教育运用陈鹤琴教育思想所进行的课程改革。

　　陈鹤琴先生主张把幼儿带到大自然、大社会中接受"活教育"。鼓浪屿幼儿教育就首先做足了孩子们生活所在地——鼓浪屿的文章，运用了鼓浪屿的大自然和大社会这一活资源，既贴近儿童生活，又引导孩子们在熟悉的生活中去探索、去思索。

　　更可贵的是，他们的活动主题的产生，源于老师们善于捕捉孩子们的兴趣爱好，并能根据活动过程中孩子们随机生成的问题灵活调整方案，形成新的教育契机。

　　在课程改革试验中，鼓浪屿优良的幼儿教育传统，被继承和发扬着，也在探索有中国特色和时代特点的幼儿教育新模式中不断努力着。

# 第三章

# 鼓浪弦诵传百年

## ——鼓浪屿的中小学教育

中小学教育是地方学校教育的主干。鼓浪屿岛上的中小学不但教泽绵长，让众人瞩目的是她中西合璧优雅的学校文化，是她兼容并蓄的教育文化生态，还有教育工作者推陈出新不懈的努力。

教育家叶圣陶先生说过，"受教育的人绝非没有生命的泥团，谁要是像那个师傅一样只管把他们往模子里按，他的失败是肯定无疑的"。鼓浪屿百年教育形成的传统，正是认清了孩子们不是没有生命的"泥团"，正是努力使中小学校不变成"模子"，老师不变成把泥团往模子里按的"师傅"。

## 第一节　多元的鼓浪屿基础教育

鸦片战争以前，鼓浪屿岛上仅有少数渔民和农民，以及个把搞内河运输或沿海贸易的"船户"出身的土财主。尽管厦门史书上也记载过明、清时期的几个鼓浪屿籍的"贡生"，但就是这几个凤毛麟角的宝贝也不能保证他们一定是在岛上受的教育，而且头上的桂冠还可能是用钱"贡"来的。当时岛上还没有近代意义上的学校，只有个别富人家的私塾或是家族借祖祠办的旧式族学。鸦片战争后，特别是厦门成为五口通商口岸后，社会大变动也波及这个寂静的小渔村。追根溯源，鼓浪屿近代意义上的中小学教育就是从那时候开始。

纵观鼓浪屿中小学的发展史，有两条线索，一条是中华传统教育的改革演进，一条是西方教会的办学。这两条线实际难分彼此，是交会、融合在一起发展。

## 一、西方教会和鼓浪屿的中小学教育

我们找到一张厦门市 1949 年中小学校一揽表。表上看到，临解放时厦门共有中学（含职业学校)17 所，其中教会办的有 4 所，都是西方教会背景，都在鼓浪屿。共有小学 69 所，其中教会办的有 7 所。这 7 所教会小学中，仅有 2 所是本地教会办，它们是在厦门本岛上大中路的"民立"，和溪岸路的"鼎玉"。其余 5 所是西方教会背景的小学，都在鼓浪屿。

也就是说，西方教会在厦门办的中小学，最后都集中到小小的鼓浪屿。因此要说鼓浪屿的中小学教育，就先从西方教会办学谈起。

清朝道光二十二年（1842 年），美国归正教会传教士雅俾理和圣公会传教士文惠廉随兵舰进入厦门，驻鼓浪屿。鼓浪屿成了西方教会进军闽南的桥头堡。不过雅俾理在厦除主持兵营的礼拜外，对中国人传教未取得任何成果，两年后无功而返。就在雅俾理回国的那年，道光二十四年（1844 年），基督教英国伦敦会传教士施约翰和养为霖来鼓浪屿创立基督教"伦敦公会"，同时在教堂里开办了"英华男塾"。

所以叫"男塾"，可想而知一方面规模小，就几个男童，另一方面是没有规范的学制和课程，大概就像"主日学"那样，把

现存最早的一张毓德女学师生合影，摄于 1911 年

做礼拜的大人带来的小孩们集中起来，做做祈祷，讲讲《圣经》故事，教唱圣诗，兼识几个字。但就是这些不起眼的举动，却被载入史册，《福建教育史》称"这是教会在福建办学之始"。这是鼓浪屿福民小学的前身，也就是解放后的"笔山小学"。第二年，养为霖夫人又在厦门开设女学，招收学生 12 人。

不过对 1844 年在鼓浪屿是否存在过"英华男塾"，厦门有些文史专家以史料来历不明而不以为然，认为鼓浪屿福民小学更可靠的历史，只能追溯到 1873 年，传教士施约翰在鼓浪屿建基督教的厦门"泰山堂"鼓浪屿支堂时附设的小学。

我们以为这不矛盾，施约翰可能在鼓浪屿办过两次学。1844 年他在鼓浪屿创立"伦敦公会"并办了"英华男塾"（或者有其他叫法），第二年他们就与英国领事馆一起搬到和鼓浪屿隔水相望的厦门闹市区，那一带现在叫做"营平片区"去了。第一次办的"男塾"由于没有规范的课程，"校龄"又短，知道的人不多，以至后人只记住他中断二十几年后再回鼓浪屿的那"第二次",而且这"第二次"开始了福民小学百年的历史。

但这些并不妨碍我们思考一个问题,西方教会为什么喜欢派医生、教师当传教士,而且每到一个地方,不仅仅传教,常常同时花很多心血搞"扫盲",办学校,还开医院、设孤儿院,为什么要把自己搞得这么累?

要理解教会为什么要办学,首先得从了解基督教开始,因为不了解西方的宗教,便难以真正理解西方的教育。

16 世纪的宗教改革是西方文明史上可与文艺复兴和启蒙运动并提的思想解放运动。宗教改革发起者马丁·路德提倡一种"因信称义"的宗教平等观:"人称义是因着信",上帝面前人人平等,教会无权决定个人永恒的归宿,个人只要拥有上帝赠与的信仰就能得到拯救。而路德把《圣经》视为个人与上帝直接交往的"最高权威"。

由这平等的宗教观衍生出了一种新的教育观——必须普及教育,使每个人具有阅读《圣经》和理解真理的能力,能通过《圣经》与上帝直接交往。因此,对传教而言,办学校普及教育就成了一个不可或缺的环节,成为保障人人能平等地通过《圣经》直接与上帝交往的先导和基础了。这就是西方教会办学的宗教意义。

西方教会办学还有他的"世俗目的"。首先是为西方教会在华传教打开局面。

1846 年到过厦门、上过鼓浪屿的英国传教士施美夫回去后写了一本游记,对当时鼓浪屿当地人心理上的"万里长城"有这么一段记述。当时鼓浪屿岛上正在流行瘟疫:"当地死亡率高得吓人",不但当地人死很多,许多英国士兵也病亡。"无知的人们十分恐惧,把这种常见的祸害归咎于英吉利人的恶鬼,因为英吉利人死后埋在鼓浪屿上。……常常可以听到村民们绘声绘色地讲

1919 年英华教职员

述亲眼目睹的神秘情景：深夜里，蛮夷的鬼魂在山上跑来跑去，'口中说着最可怕的英语'。"

　　西方传教士到厦门"传福音"遇到的最大难题就是这"万里长城"。试想想，在闭关自守几千年的封建中国，突然来了几个金发碧眼青面獠牙的"鬼子"，叽里呱啦宣传一通大逆不道的"歪理邪说"，还要引诱人入洋教，岂能不被拒之万里长城之外！从厦门文史资料看，1848 年即洋教士在厦门努力了六年，全厦门"受洗会友有二十多人"而已。

　　因此，要在中国传教，要打破僵局，首先要取得中国民众的信任，而从慈善入手，多办好事、善事是最容易见效的策略。西方教会早期办学因此有很浓厚的慈善性质。这大概就是为什么早期的教会学校都像慈善机构、都从"义学"起步的缘故。

从史料看，当初办学的确十分艰难。民众对教会学校既恐惧又抗拒，各种传言四起，有的说办学的洋人是魔鬼化身，已杀了自己的孩子，现又来算计别人的孩子。有的说办学的洋人是借办学骗孩子去挖眼睛炼药水等等。只要与教会有点联系，就会因"吃洋教"而遭家族的谴责和鄙视，因此稍有资财的家庭绝不送子女进教会学校，教会只能从收留少数贫穷人家的孩子以及街头流浪儿童的"义学"艰难起步。为吸引和留住学生，教会不但免了他们的学费，还为他们提供免费膳宿，甚至有微薄津贴。好不容易招到几个学生，又常常因为受不了舆论压力而退学，真是不容易。

早期的教会学校规模很小，设在传教士住宅里或者教堂内，有的租用民宅，很不规范。课程一般只有初小扫盲程度，以简单的听、说、写为主，为听懂读懂《圣经》服务。经常讲讲《圣经》里的故事或《伊索寓言》，有的也教点简单的算术和科学常识。

早期教会学校有的还和孤儿院"一条龙"。当年鼓浪屿招收幼童的"中华第一园"就是办在牧师楼里，和"怜儿班"在一起。长老会和归正教会在鼓浪屿田尾办专收孤儿的"怜儿堂"，收容的儿童先入蒙养堂教养，再进田尾女学或怀仁学校就学。教会学校想尽办法，用很多慈善措施来招生助学，改善形象，扩大影响。传教士们的执著精神令人钦佩。

随着清王朝的日益衰败，经过西方传教士千辛万苦的努力，教会学校终于站住了脚。尽管学校的学生不多，但效果显而易见："许多学生皈依上帝，成长为我们最坚强、最聪明的基督徒和福音布道者"，坚固的"万里长城"挡不住传教士们的"慈善"策略，缺口被打开了。

尽管西方教会办学有为传教打开局面、培养本土教会骨干的

"世俗目的",但客观上也起到了启蒙科学文化、教出了我国一些领域第一代开拓者的历史作用。我国现代体育教育家马约翰就是个例子。

马约翰,1882年生于鼓浪屿,年幼父母双亡,由亲友和教会养大。13岁进鼓浪屿教会办的福民小学,毕业后被教会送到上海,在基督教青年会主办的"明强中学"读书,后考入著名的教会大学——圣约翰大学,学理科和医学,1911年毕业。毕业后长期在清华大学从事体育教学与科研,期间曾三次赴美考察学习。

马约翰的体育基础是在鼓浪屿打下的。在鼓浪屿的阳光、海风中,在鼓浪屿的山坡、沙滩上,马约翰和其他孩子玩耍、奔跑、跳跃,练就了一个结实健康的体魄。当时福民小学十分简陋,"学校的周围都是房子,一块草地也没有,没办法跑跳",马约翰就自创运动办法:跳椅子,跳木桩,自己保持运动的好习惯的同时,也带动同学们一起运动。"那时候我连体育这个名词也没有听说过,但我却有着自己的一套锻炼方法。全面的身体锻炼,新鲜的空气和太阳光,为我健康的身体打下了稳固的基础。"到了大学,良好的体育环境使马约翰的体育才能得到系统培养,也有了施展身手的天地,还使他得以终生从事他所喜爱的体育教育工作,为中国体育的科学化、现代化和奥运会作出杰出贡献。

第二次鸦片战争以后,教会在华势力日益扩大,教会学校日趋成熟和规范,教会学校逐渐脱离免费提供穷苦人家子女受教育的慈善性质,教育重心也上移,从当时中国最急需的扫盲、基础教育转向高端的高中和大学,并且逐渐"贵族化",成为富家子弟追逐的目标。

这个变化当然与戊戌变法以来西学东渐成效初显,国人已不满足于初级层次的扫盲识字,有了更高的教育需求这一客观因素有关。但是,这个变化和教会办学的价值转向这一主观因素的变化关系更大。如果说西方教会办学的第一个"世俗目的"还与传教有关，与扩大教会势力有关，那下面的第二个"世俗目的"就与西方列强在华的政治、经济利益挂钩了。

用传教士林乐知的话说："为什么我们的教会要不断地为乞丐开办义务教育学校呢？倘若让富有的和聪明的中国人先得到上帝之道，再由他们去广泛地宣传福音，我们岂不是可以少花人力物力，而在中国人当中无止境地发挥力量和影响吗？"传教士狄考文说："真正的基督教学校，其作用不单纯教授宗教，而要训练学生。使其成为社会上的权势人物，胜过中国的旧士大夫，而能取代旧士大夫所占的统治地位。""成为一般人民的教师和其他方面的领袖。"1890年，"第二次在华基督教大会"上更是明确了发展教会大学，影响中国未来的领袖们的方向。

从社会学角度看，这个变化意味着教会的重心由扶持弱势群体、普及教育转向贵族化的精英教育。在文盲、贫困占大多数的国度里，不搞"雪中送炭"，却转向"锦上添花"，漠视大多数民众的需求，只为少数"上层"人士服务，加剧了两极分化，显然是悖离了基督教平等、博爱的初衷。

从政治学的角度看，这种培养"代理人"的办学动机意味着教会把教育政治化了，逐渐演化成西方列强扩张他们的在华统治势力、谋取政治经济利益的工具。在爱国的中国人眼里，这不是赤裸裸的殖民主义文化侵略是什么？

关于西方传教士在中国传播基督教和办学校，老鼓浪屿人黄猷先生从文化学的角度做了这样的的分析：当初进入中国的西方传教士成分复杂，"有政治冒险家，有真正具有献身精神的虔诚教徒，也有为职业或发展机会而来的，表现自然各不相同。但从总体来说，他们不能违背本国和教会的利益。更本质的问题是，他们普遍具有文化优越感，鄙视异教和异民族文化。传教、办学就是为了从文化上同化他们。从这个意义上说，这不仅是文化侵略，而且是文化灭绝"。因此，"简单地把一切传教、办学活动说成文化侵略，对一些真诚传播基督教思想精神和西方文化知识、对中国人友好的传教士及其事业是不公道的；看不到这种文明冲突及其预期的后果，大喊'感恩'，只能说是无知或完全失去自信"。

尽管西方教会办学的这个转向，厦门迟了若干年，但是因为办在鼓浪屿的教会学校都是中小学，西方教会重心这么一转，对鼓浪屿中小学教育的发展影响是很大的。特别是 1928 年中国收回教育主权，规定要向国民政府注册立案、要中国人当校长之后，学校经费来源里西方教会投入明显减少，学校的生存越来越依赖收学生学费和校董会筹捐，使教会学校的校长们也都面临一本难念的经。

好在厦门已形成了重视教育的好风气，又是侨乡，每当学校发展遇到难题，校董校长们首先想到的是关心教育的校友、家长和重视教育的社会贤达，想到南洋的乡亲，而社会贤达和海外的乡亲也总是竭尽所能地回报母校和故乡，帮助学校渡过一个又一个难关。

## 二、中华传统教育的改革与演进

鼓浪屿中小学发展的另一条线索是中华传统教育的改革演进。百年来，中华传统教育由瞄准科举仕途的旧书塾演变成近代新式学堂，确是天翻地覆的革命。如今闽南话中，厦门人仍把"学校"叫"学堂"，"上学去"，厦门话说成"去学堂"，古韵依然，还留着这一改革演进过程的痕迹。

百年教育改革既是教育形式的变革，更是教育内涵的革新。这与鸦片战争以来中国社会的大动荡、大变革密切相关。几个历史事件对中华传统教育的演进影响重大。

——鸦片战争。1840 年和 1856 年两次鸦片战争，清王朝腐

英华校友初级小学始创于荔枝宅

败无能，西方列强用洋枪洋炮轰开了国门，开始瓜分中国，中国社会从封建社会进入半封建半殖民地社会，厦门成为"五口通商"的口岸之一。1902 年，鼓浪屿被外国列强共同霸占，对中国人用了一个骗人的字眼"公共地界"，其实就是租界，把"租"字都免了。

中国人深受丧权辱国之痛的同时，也认识了西方科学技术和教育的先进。寻找救国图强之路的有识之士发起了"中学为体，西学为用"的洋务运动，以"师敌之长技以制敌"，也开始了培养新式人才的"洋务教育"。

洋务教育以"中体西用"为指导思想，对封建的传统教育持批评态度，主张改革，去掉一些过时、无用的"国粹"，例如提出废"武科"，改设"数科"。重视西方应用层面、技术层面的东西，创办以习西方语言文化、西方技术为主的新式学堂，还派遣留学生。这是中国教育近代转型的发端。

不过这改革不触动封建政体，也不是中央政府自上而下推行的，只是一些地方政府的局部行动。福建是当时的一个中心。闽人林则徐是我国最早提倡向西方学习的中国人，闽浙总督左宗棠是洋务运动的中坚人物之一。洋务教育起步早、办得出色的是我省的福州，马尾船政学堂、福州电气学塾在全国很有影响，那时的厦门在这方面倒是没什么名气。

——甲午中日战争。1894年甲午中日战争，堂堂"中央之国"竟败在"小日本"倭寇手中，还签署丧权辱国的《马关条约》。令国人震撼的是，日本和中国在19世纪60年代分别进行了"明治维新"和"洋务运动"改革，目标都瞄准社会和教育的近代化问题，但结果却截然不同，30年后日本竟然敢以武力侵略中国，并让中国人不得不拜他们为师。

福建的严复和日本的伊藤博文同是留学英国。严复是位毕业于英国格林威治皇家海军学院的高材生，学成回国后满腹经纶、一腔热血却到处被人看不起，原因居然是因为他没有科举经历，没有主流社会认可的"功名"，"非正途出身"！为了补这要命的科举"学历"，英国皇家海军学院的高材生严复先后三次参加科举考试，三次均以落第告终，只能在福州船政学堂当一名"教席"，终没能在军界当个舰长或海军司令什么的，没能在本行强军报国。

日本的伊藤博文就不同，在英国伦敦大学学院学什么专业不得而知，但据说他是提前回国的"辍学生"，回国后不但成了日本的"明治宪法之父"，还对中国大打出手，策划了甲午海战，并逼中国签《马关条约》。"辍学生"打败了"高材生"！

不过现在看这或许不是一件坏事。严复从此专心致志于"开民智"的教育，先后任福州船政学堂教习、北洋水师学堂总教习等，民国后担任复旦公学（复旦大学前身）校长、京师大学堂监督和改为北京大学后的首任校长，向年轻学子灌输新思想，为国家培育新型人才。他还大量译书立著，所译赫胥黎的《天演论》、亚当·斯密的《原富》等，向国人系统传播西方资产阶级哲学、政治学、经济学、逻辑学、教育学学说，这些译著成为中国现代启蒙的经典，在当时的中国社会产生巨大的反响。这位学军事的留英学生最终以翻译家、教育家、思想家留名史册，成了推进中国现代化的先驱。

比起前几次西方列强的侵略，这次"东洋鬼子"带来的国耻更让国人难以接受，因为在此之前，日本一直是中国的"学生"，学生竟然来打老师，而老师竟然败在学生手里。这也迫使国人深刻反省：洋务运动这种"只学西方技术，不动国体"的改革是失败的。要救国图强的爱国志士从日本"明治维新"得到启示，发起了维新变法运动，这就是1898年的"戊戌变法"。

变法期间，光绪皇帝发布了一系列改革措施，包括教育的改革。这次变法只维持百日就被封建顽固派镇压下去了，很多改革政策都来不及实行，但维新所开创的改革方向深得民心不可逆转。1900年义和团运动失败后，西方八国联军扫荡北京城，顽固派日薄西山，大势所趋，被迫施行"新政"。1901年西太后同意科举改革，1904年清廷颁布《奏定学堂章程》并在全国施行，1905年清政府下令废除科举制度，标志科举时代的结束和学校教育时代的开始。

据说变法期间，打败了中国的伊藤博文受邀访问北京，面见主持变法的光绪皇帝和康有为，提供改革方针，到中国当起"老师"来了。看来，变法的策划者很重视学习日本改革的经验。所以，戊戌变法以及后来的许多改革措施都留下日本明治维新的印记。中国的新式教育也是在仿效日本模式中起步的。

女校学生. (图说厦门)

　　——革命时代。改良主义行不通，国难深重的中国迎来了革命时代。1911 年推翻清封建王朝的辛亥革命，1916 年高举"民主、科学"旗帜的新文化运动，1919 年的"五四运动"，1924 年国共合作的大革命，直到 1949 年推翻蒋家王朝建立新中国，政治革命、文化革命的风暴一个接着一个，锋芒直指半封建半殖民地的"国体"及其文化价值体系，对传统教育也产生巨大冲击，推动教育改革不断发展。

　　鸦片战争之后鼓浪屿成了十几个帝国主义国家的公共租界，成了列强的殖民地。这就是为什么在鼓浪屿，相对西方教会办的中小学，国人自办的学校显然要少得多的原因之一。当然还有一个原因，就是 1928 年国民政府收回教育主权，要求教会学校和私立学校重新注册立案，对办学条件做了规范，国人私立的有些学校就因为达不到"立案"的规范标准而停办了。

还是看看那张 1949 年厦门中小学一揽表。当年鼓浪屿的中学共 7 所：毓德、英华、怀仁、怀德幼师、美华、厦大校友、救世高级护士职校。除厦大校友中学外，都是教会学校。小学共 8 所：示范国校、鼓第一中心国校、维正、毓德、怀仁、福民、英华、养元，仅有 2 所公办学校和 1 所英华校友小学不是西方教会所办。当然鼓浪屿历史上国人自办的学校不只这几所，但是因为种种原因没能持续办到 1949 年。

鼓浪屿国人自办的中小学虽然不算很多，随中国社会大变革不断演进，也在厦鼓教育史上留下不可磨灭的影响。

例如光绪二十四年（1898 年）清廷新学制颁布之前，厦门就有教育改革的先驱在鼓浪屿黄氏宗祠办起了国人自己的私立小学堂，后来转为公立学堂，在海坛路与永春路的交汇处购黄氏"竹林精舍"旧址建起正规的校舍。

这所新式学堂，厦门立市前曾名为"思明县立普育实验小学"，立市后改称"市立鼓浪屿区第一中心国民学校"，即解放后的"鼓浪屿中心小学"。《福建教育史》称这是福建省首批官办的新式学堂之一。开办时尽管也不是很规范，但却是敢于向封建教育宣战的第一批吃螃蟹者。这所小学是解放前鼓浪屿岛上坚持公办性质历史最悠久、规模最大的小学，在该校读书的大多是岛上平民百姓的子女。我们还注意到这是厦门历史上的第一所"实验小学"。

又例如华侨黄奕住先生为纪念他母亲，于 1921 年接办的"慈勤女子中学"（兼办小学），是一所著名的侨办学校。

该校前身是创办于 1905 年的"厦门女子师范"（亦称"海滨女子师范"）。这厦门女子师范是一位督办漳厦铁路的中国人陈宝琛先生（弢庵）倡办的，曾聘一位英国小姐主持，采用英国贵族式教育，重英语，还开设不少要训练动手能力的课程，如生物课、手工课，也很重视体育。

　　这厦门女师吸引了鼓浪屿、厦门以及漳州、泉州、莆田等地一批批有志女青年和名门闺秀前来就读，培养出林巧稚、黄潜（墨谷）等著名女专家、女学者。女师时遇经费危机，幸蒙黄奕住先生接办才得以延续。

　　黄奕住先生接办厦门女师后改为普通中学，兼办小学，并更名为"慈勤"。慈勤女中在鼓浪屿大德记海滨依山而筑，自建带有小操场的校园，精巧别致，宁静清幽，该校园在当时厦门中学中属上乘。聘菽庄花园主人、爱国台胞林尔嘉的第四子林崇智为校长，林校长刚从美国留学归来，知识渊博，思想开明，很受学生欢迎。该校中学部全收女生，小学部男女生兼收。1938年厦门沦陷，学校就停办了。校园绿树荫下的校舍依山傍海，海风习习，涛声依旧，现为中央音乐学院鼓浪屿钢琴学校所用。

　　鼓浪屿岛上还先后有两所取名为"光华小学"的学校。一所是1924年老同盟会会员许卓然先生创办的。《闽南革命史》记载，出席中国国民党第一次全国代表大会的许卓然遵孙中山先生的指示，回闽筹备成立国民党福建临时省党部，国共合作开展反对帝国主义和封建军阀的斗争。是年，许卓然先生在鼓浪屿内厝澳创办了"光华小学"，既传播新学，又作为联络革命志士、开展革命活动的基地。这所小学尽管校龄不长，但在闽南革命史上留下光辉的一笔。李汉青1928年后办的"光华小学"应是另一所学校。

## 三、兼容并蓄，你中有我，我中有你

　　我们所谓鼓浪屿近代教育发展的两条线索，指的是两大办学主体，一是西方教会，一是国民或政府。也指两大文化：西方文化和中华文化。其实鼓浪屿教育在发展过程中，多元共进，兼容并蓄，你中有我，我中有你，难分彼此，体现鼓浪屿教育很强的包容性。

当年封建书塾得以变新学堂，首先当然是因社会进步，废除科举，专为"科举应试，读书当官"的书塾没了奔头。不过，另一个因素也十分重要，那就是教会学校带来了西方先进的教育思想和教学模式，为旧教育的改造提供了科学的参照。新的教学内容，如数学与自然科学，体育、音乐、美术课程，早期英华书院甚至还开过西方的击剑课程；新的教学组织形式和新的教学方法，如分科课程，班级授课，开设实验等等，这些都是国人闻所未闻的新鲜事，成了旧书塾向新学堂转型竞相仿效的现成样板。

鼓浪屿较早接触这些西方文化，岛上教育改革就因此得风气之先，较早摆脱封建教育体系。例如当时鼓浪屿岛上西方教会办的浔源书院，很早就重视体育课程，"要求全体学生一个星期至少做 3 小时的体操"，"安排每个学生有一次机会去初步学习各种田径运动和一些比较流行的比赛，诸如篮球、足球、排球和网球"，为此，学校先后添置了篮球场、排球场和跳高跳远的沙坑。教会学校的这些新课程、新举措，立刻在鼓浪屿岛上的各个学堂风行起来。又如教会学校英华的学生一踢足球，这种运动也立即风靡全岛。

西方教育还为新式学堂培养了师资。鼓浪屿新式中小学和幼儿园早期的中国校长和教师，多数毕业于教会学校，有的还是燕京、金陵、协和等国内著名教会大学的毕业生，还有的是从西方学成回国的"海归派"。

反过来，西方教会学校为避免"水土不服"，一开办就入乡随俗，加入不少"中国元素"。

比如林语堂曾就读过的鼓浪屿"养元小学"（解放后叫"鼓浪屿鹿礁小学"），是美国归正教会牧师打马字的大女儿清洁·打马字于 1889 年创办的。创办时虽叫"田尾小学"，也开天文、地理、算术、生物等新式课程（课本是白话文，算术没有课本，靠老师口授），但强调神学与国学并重，教授《圣经》的同时还教

养元小学 1940 级毕业生（白桦供）

《四书五经》，很合国人的口味，加上租民房当校舍规模小，所以在当地人眼里仍与中国私塾没多大差别，称之为"洋私塾"。

1905 年废除科举开启新学制，这"洋私塾"更名为"养元小学"，学校规模扩大，建起了自己的校舍（先是在田尾，30 年代又在鹿礁路建新校），还收寄宿生。从"洋私塾"转为"洋学堂"后，教学上"中国化"的步伐也加大了，各科教材都采用商务印书馆全套新式课本，而且除原课程外，还设了中国味十足的修身、历史等课程。

规范的教学，中西结合的优势，使养元小学名声远扬，远在厦门郊区甚至漳、泉一带都有人送子女来上学。林语堂就是在 1905 年离开漳州平和坂仔镇，慕名插班到鼓浪屿养元小学接受启蒙教育的，毕业后考入鼓浪屿寻源书院上中学。天文学家余青松等都是这所小学的毕业生。

西方教会办的中学也有这种情况。鼓浪屿的教会中学不但有开设国学课程的，而且还有聘旧塾师授课的，英华中学的前身英华书院，就聘过闽南名儒叶青眼先生和教过私塾的晚清秀才傅维彬当教员。叶老先生后来回忆说，这是他一生中第一次大转变：由旧塾师转变为新学教员，由保守的科甲中人转变为革命党人。他就是在鼓浪屿英华书院认识同盟会会员陈新政，并由陈介绍加入同盟会。

史料记载，他们"以英华书院为党人初期会集的地点，经常集会的有在厦当教员的许卓然、傅维彬及在鼓读书的邱卫才等人。王振邦、蒋以麟等也先后由南洋回来，共为光复厦门及泉属一带而筹谋奔走"。这些人都是闽南辛亥革命的重量级人物，教会学校不但有前清塾师，也有革命党人当教员，而且竟然还成了革命党人聚会策划革命的地方。

当然，"合"字自古就不好写。鼓浪屿教育的这个"多元共进，兼容并蓄"，是经历了一个从"磨合"到"融合"的过程。

"磨合"者，两个独立的主体，被外力挤到一起，因尚互相独立，运动过程中速度不一，共进中磕碰摩擦在所难免，但也因磕碰摩擦而渐行渐合。这是一个"物理过程"。而"融合"则是一个"化学过程"，两个不同的主体经过"化学反应"合成一种"新物质"。鼓浪屿教育的两个办学主体和两个文化主体从"磨合"到"融合"，"国民政府收回教育主权"是个分水岭。之前，"磨合"的多；之后，"融合"的多。

1904 年清朝的《奏定学堂章程》对我国教育的近现代化影响深远，这个《章程》有太多日本明治维新的烙印。在教育思想上，它是儒家忠君爱国、男尊女卑与德国、日本国民教育的揉合，这和鼓浪屿租界里的基督教文化的博爱、和平是不相容的，"磨合"必不可免。在鼓浪屿的教会学校就出现在形式上推行中国政府规定的学制，实际上仍然我行我素的状况，而且埋下了意识形态上的普世主义与国家主义各执一端的教育路线、政策之争。一直到收回教育主权后，这个办学方向的矛盾仍在不断演

毓德小学 1932 年毕业生

化，"磨合"还时隐时现。

国民政府收回教育主权时的"磨合"更是火花四溅。鼓浪屿各外国差会采取各种办法抵制，拖延为教会学校办理"立案"。国民政府态度强硬，没经政府立案的学校，其毕业生的学历政府不予承认，事关学生前途，在多数家长和校友的压力下教会最后才妥协。

也有顽固不化的，基督教"基督复临安息日会"美国牧师办的鼓浪屿"美华学校"就是典型。"安息日会"坚持不按国民政府的规定减少圣经课，拒绝"立案"，结果政府不允许他们称"学校"。1934年鼓浪屿美华学校采用"换汤不换药"的办法，更名为"美华三育研究社"继续办学，始终"磨"而不"合"，一直到解放，大批学生转学他去，学校办不下去才关门。

民国政府收回教育主权后，教会学校林立的鼓浪屿教育发生了很大变化：教会虽然没有退出学校，但中国教会的参与削弱了外国差会的绝对权力，而在校董会中由校友会选出的成员多于教会的代表，就使中国人对办学有更大的发言权。

使"磨合"最终转为"融合"的重要标志是：必须由中国人担任校长而且必须是受过教育专业大学教育的人，这一规定使一批华人校长逐渐掌握了教会学校的领导权。

这批要为学校重新制定规章制度的第一批华人校长，原来都有较厚实的中华文化功底，高等教育又基本上是出身自燕京、金陵、协和等西方教会大学，受杜威实证主义哲学教育思想的影响，他们本身就是中西"融合"的产物。

中国第一代"融合"了中西文化的知识分子，在教学实践中逐渐成熟起来，一当上校长，他们融合中西的教育思想就直接影响了学校的办学取向和教育质量，"磨合"就主要转到对付外界的干扰。

"融合"并不意味着鼓浪屿的学校就"千校一面"了。"融合"在这些校长身上有着不同的结果和表现形式，使这些校长每个人都有自己的办学个性。有的强调培养学生的崇高理想和全面发展，有的则反对好高骛远，注重能思想能实行，在德、智、体、群各方面达到一个基本标准的条件下发展个性与爱好专长。对不同历史阶段的积淀，不同的校长也有不同的审美、继承和创新，有的甚至还传承了一点士大夫教育，鼓浪屿教育也因之继续彰显兼容并蓄，多元多彩。但这些校长们在教育思想上也有共性，都反对注入式教育，反对往一个模子铸造同一模式的"完人"。从而为鼓浪屿"经典"的教育定下基调。

解放后鼓浪屿的教育和全国一样，都在统一的教育方针指引下发展。但解放60年来鼓浪屿教育如果还有点个性特色的话，也正是得益于多种文化兼容并蓄的鼓浪屿传统没有丢光。

## 第二节　把小学办成素质教育的学园、乐园、花园

临解放时，鼓浪屿共有小学 8 所，其中有西方教会背景的居多，学校规模都不大。解放后这 8 所小学陆续收归公办。人民政府公办学校经费有保障，师资队伍稳定，管理规范，教育教学质量不断提高。

解放后的 60 年间，鼓浪屿岛上的小学，或为取得规模效益，或因鼓浪屿岛上人口减少，几经调整。80 年代全岛小学最后合并得只剩人民、笔山、鹿礁 3 所，90 年代末全岛就仅存人民小学 1 所，而且连流动儿童算在内一年招不满 2 个班的学生。

解放后，鼓浪屿的学校彻底与宗教分离并全部公办，按国家的教育方针办学。原来颇有个性的鼓浪屿小学教育是否风采依然？ 鼓浪屿现在仅存的人民小学是一所很有代表性的学校，我们来看看。

### 一、实验和创新使学校一直保持领先水平

人民小学是解放初由怀仁、毓德两小学合并而成。创办于 1877 年的怀仁是一所设有幼儿、小学、中学、师范四部的女学，毓德小学也不是等闲之辈，强强联合后的学校底蕴雄厚。加上 50 年代厦门师范学校设在鼓浪屿，人民小学当时是厦门师范附属小学，既是厦师和厦门大学教育系学生的实习、见习基地，又承担着厦门市小学教育的示范、试验任务。这里的老师，既要完成正常的教学，又要承担对师范实习生的示范和指导，是"老师的老师"。对这所学校的师资，市教育局特别重视，从厦门实验小学等校调集骨干教师，从厦师挑选优秀毕业生，使这所学校的教师队伍精兵强将云集，成为厦门市的一所重点学校。

说起这所学校的师资，和鼓浪屿其他学校一样，令 50 年代学生们怀念的还有当时的一批老教师。其实她们当时并不算

1950 年代厦门师范附属小学

"老",按现在的标准有的才算"大龄青年",只因解放前就在学校教书至今。她们多数是教会学校出来的,按现在的标准看学历也不算高。有大家闺秀,也有家境不是特别富裕的,还有的一直没结婚。她们待人接物比较低调,但谈吐间人们感受到的是一种文化,一种教养,一种气质,大概就是现在不少文化人推崇的"民国女子"。正是这些低调的"民国女子",使解放后的鼓浪屿"学校文化"中还保留点"经典时期"的传统,她们带出来的学生,仍然一出去还能让人同其他学生区别开来。

50 年代,鼓浪屿人民小学进行过不少很有影响的试验,例如"小学五年一贯制"试验、"低年级与幼儿园大班教育衔接"实验研究、汉语拼音教学和推广普通话,以及"复式教学"的试验,都取得成功，为厦门乃至整个福建基础教育的发展作出了贡献。

当时刚解放不久，教育的普及水平很低，特别是农村穷乡僻壤，完全小学（1—6年级齐全的小学）很少，多数是初级小学。这种初小又常常"全校"仅仅是一个班，几个年级的学生混编在一个教室，由一个老师上课，这种班称为"复式班"。教这种"复式班"的老师要特别训练，不但是能胜任小学各科教学的"全科教师"，是"校长兼校丁，扫地板兼敲钟"的多面手，而且还要能一节课同时给不同年级学生讲课，这叫"复式教学"。为培养能胜任"复式教学"的农村教师，作为厦师的附属小学就承担起试验和示范任务。先是办起了"二复式"试验班（两个不同年级的学生同班上课），进而办到"三复式"。

教这种班的教师要有很高的素质和技巧，要事先精心备好三个不同年级的课，事先用粉笔写好上课要用的生字板和小黑板（相当于现在准备上课用的"多媒体课件"）。上课时走马灯似的"排列组合"：轮换着给一个年级讲课的同时，让其他两个年级在教室前面小黑板的指导下预习或做练习。

厦师附小的"复式教学"试验非常成功，不但为全省农村的教育普及培养了一批能胜任"复式教学"的师资，解了燃眉之急，"三复式"实验班还教出了一批质量不比普通班差、有较强的自主学习能力的学生。这个实验成果为我们提供了一个很有说服力的案例：用三分之一的时间讲课，就可以完成百分之百的教学任务。几十年后的今天，这案例仍然很有示范价值，让我们坚定了深化教学改革的信心，"减轻负担"和"提高质量"并不矛盾。

不久前和几位当年"复式班"的学生聊，他们对这段学习经历颇为自豪，他们认为"复式班"让几个不同年段的孩子组成一个与传统班级不同的群体，这种混合结构的群体和其他班级比，多了大哥哥姐姐带小弟弟妹妹的温馨，更具有"自组织"功能和

"自我教育"功能，学生受到的锻炼更多。

他们还对当时的劳动教育留有很深的印象。那时学校旁靠日光岩边上有一片学校的小农场，每班都分到一小块"责任田"让学生劳作。学生们在那里种上蔬菜、花生、玉米，课余时间天天轮流浇水施肥、拔草除虫。大家感觉这种从播种到收成全过程的劳动，受到的教育更大。不但观察到作物生长的全过程，经历了农作的各个环节，更是切身体会坚持不懈的不易和收获自己劳动成果的喜悦。他们自豪地指给我们看，日光岩西林大门外，"林屋"墙角下的那一片柠檬桉树，是他们还是少先队员时栽的，现都长大成林了。

大家还回忆起"大跃进"年代的一次技术革新经历：企图设计一种能喷水浇菜的手推车。这个现在看来没有多少技术含量，只是安上了轮子的水箱加喷嘴的"革新"，却是几个不知天高地厚的小孩对国家农业机械化的参与，当年"车子化"是农业机械化的目标之一。这是他们有生以来的第一个"发明"，这个经历让他们几十年后都还津津乐道。

让这所学校 50 年代校友难以忘怀的还有学校的"红十字会"活动。在"以阶级斗争为纲"的年代，"人道主义"还有"阶级成分"，"红十字"是被归入"资产阶级"名下的。不知怎地，这个主张"人道、博爱、奉献"精神、典型的"资产阶级人道主义"的组织，居然可以在当时鼓浪屿的中小学里存在，还把活动开展得有声有色。当时还在学校里组建了红十字"小医院"，从"院长"到"医生"、"护士"都是小学生自己担当，小伤小病互相关心帮助，突发事件时互帮自救。这段经历让校友们终生受益。

## 二、还有几件事留在鼓浪屿人记忆中

厦门和金门仅一水之隔，长期以来一直是海防前线。特别是

50年代初期，我们还没有制空权，海峡对岸的飞机经常来轰炸，因此那个年代的鼓浪屿学生，都多了一种"防空袭"的经历。

那时候，鼓浪屿家家户户的玻璃窗都贴上"米"字形的纸条，据大人说这些纸条可让被爆炸气浪震碎的玻璃碎片不致四溅伤人。有些闽南话称作"不建木"的楼房，底层还被挂上"防空避弹所"的木制标志牌。

"不建木"楼房指的是建筑时没有用木料的楼房，这种楼房的楼板一般用当时罕见的钢筋水泥（当地人把水泥叫作"红毛灰"，即"洋灰"）建造，因此"不建木"建筑物在市民潜意识中就是"很坚固"的意思。防空警报一响，左邻右舍男女老少都往这心目中认为坚不可摧的"防空避弹所"躲。有一段时期空袭频繁，学校就干脆以班为单位将学生们疏散到鼓浪屿一些比较大的"避弹所"去上课，这些比较大又比较坚固的"避弹所"常常就是现在被挂上"历史风貌建筑"牌子的"番子楼"。

50年代留在大家记忆中的还有"施行简化汉字"和"推广普通话"。

对正在识字的小学生来说，汉字由繁体变简体是件大好事，识字的难度降低，语文的学习效率提高了。1955年还没施行简化字，记得当时小学一年级的第一课只有三个字："开学了"。很简洁，也很准确地反映出刚踏进小学门槛新生们的心景：期盼已久的愿望终于实现的激动和对新的学习生活的新鲜好奇。可前两个字却是笔划很多、笔顺复杂的繁体字，成了小学新生识字的拦路虎，真可谓"开学"难！现在学简化字的孩子们已经体会不到繁体的"开学"有多难了。

50年代中期的厦师附小是推广普通话的先进单位。校友们都还记得，当年学校里学习普通话"比、学、赶、帮"热火朝天，有一个激励措施非常有效：每位同学分到邮票大小的纸红旗6面，每帮同学纠正一句闽南话，被纠正者要交出一面红旗，周末按每人手中的红旗数来评比（这让我们想起现在时兴的"激励法"：往受表扬的幼儿园小朋友额头上贴小星星）。

"推广普通话"现在遭到一些人的责难，说厦门的孩子不懂闽南话，是因为学校推广普通话的缘故。其实他们没看到根本的原因在于因厦门城市的发展和人口结构的变化，讲闽南话的"原住民"已是弱势的缘故。他们更没有进一步想想，如果厦门人都不懂普通话又会有什么后果，不理解当年在闽南方言小城厦门推广普通话有多么重要。

鼓浪屿的推广普通话不是50年代才有的事，解放前就做得很好，很多从鼓浪屿走出去的老校友对此感受多多。

英华27届初中毕业生、曾任新加坡驻日本大使的黄望青老校友回忆说，当时厦鼓的中小学全是用厦门方言授课，刚好在1924年他从养元小学考入英华时，英华开始增设"国语"（即普通话）课程，是一位不懂厦门话的北方人当老师。黄老校友日后在海外发展，正是得益于此。特别是如果没有一口流利的普通话，他1980年就不可能担任"新加坡广播局"的主席，因为当地广播和电视只准用英语和普通话。

毓德女中1950届翁垾老校友自豪地回忆："积极推广普通话更是毓德一项非常超前的传统。母校规定学生进校门后必须讲普通话，不许讲方言，违者受罚，并由学生会严格贯彻执行。解放前，厦门通行闽南话，难得听到普通话。母校这一规定培养了我们讲普通话的习惯，对推广普通话起到了很好的作用，也为我们毕业后走南闯北创造了有利条件"。

毓德女中1952届丘涟净老校友也为母校普通话推广得好感到骄傲，毓德毕业后她到外地上大学，对没有普通话就难交流深有体会："请不要小看这普通话，我刚上大学时，就因听不懂老师（尤其是老教授口音重）的讲课内容，同学间对话也很费劲而多次哭鼻子。"看起来外地普通话没有鼓浪屿学校推广得好，大学里南腔北调确实成了正常教学和交往的障碍。

这是几位长期在外地工作的老校友的真实感受，他们的感受代表了老厦门对推广普通话意义的理解。是的，没有普通话的推广，厦门人难走南闯北，厦门城难由小变大，厦门也成不了涵纳五湖四海"最温馨的城市"、"最具活力的城市"。这也应该是厦门这座城市成长的经验。在保护闽南文化的同时，不要忘记我们自己的历史，物极必反。

## 三、素质教育的先行足迹：人民小学"三园式"办学构想

80年代，结束了"文革"十年动乱，迎来了改革开放的新时代。这是一个拨乱反正的年代，又是一个启蒙探索激情高涨的年代。百年老校人民小学焕发青春，一项很草根很原创的整体改革使这百年老校走到了全国教育改革的前列，这就是他们提出的"学园、乐园、花园"式文明学校的构想，即把学校办成"培养聪明才智的学园，发展兴趣爱好的乐园，陶冶美的情操的花园"。现在回过头看，这个1982年就提出、1984年进入实施阶段的"三园式"办学构想，蕴含着很有价值的创意。

80年代初期，全国教育受"文革"重创还处在养伤、康复阶段，鼓浪屿人民小学"三园式"办学构想的提出，是我国第一线的教育工作者在"前素质教育时期"对素质教育的早期探索和诠释。尽管没有使用后来在全国流行的"素质教育"的提法，也尽管不是那么面面俱到，但构想的超前性和原创性不容置疑。

表述中的三个"园"和它们前面的定语，反映了人民小学当年对素质教育的认识和追求：

"培养聪明才智的学园"——"学园"，恢复了被"文革"破坏的学校的性质和尊严。"培养聪明才智"，是他们对"智育"的一种诠释，智育不只是传授知识，而是培育智慧和才干。

"发展兴趣爱好的乐园"——"快乐教育"、"成功教育"是在

原厦门师范附属小学礼堂拆建后的人民小学综合楼

好几年以后才有人说的，当年很多地方基础教育的兴奋点还只在"恢复正常教学秩序"的初级阶段。"乐园"，学习应成为乐趣而不应是苦役，学校应是学生的乐园而不是地狱。孔子说过，"知之者不如好之者，好之者不如乐之者"（《论语·雍也》）。这个"乐"不是贪图安逸、玩物丧志，不是不动脑筋、不劳而获。人民小学准确地抓住"兴趣爱好"这个推动学生学习最实际、最活跃、最积极的内部动力，抓住了"乐"的真谛。

"陶冶美的情操的花园"——当时全国的学校教育还停留在"文革"前的德、智、体三个传统领域，人民小学"美"的提出确实是个大突破。实践中，人民小学除了突出校园环境文化对学生的陶冶作用外，凭借鼓浪屿"音乐岛"的底蕴，在音乐教育领域开拓出一片新的天地。

1984年秋，经市教育局批准，一个"既不同于专业音乐学校，又不同于业余音乐培训班"的普通小学"音乐试验班"在鼓浪屿人民小学诞生了。这是"三园式"

办学模式整体改革的重要发展和大亮点。

当时试验的任务很明确：在普通小学课程的框架下，为孩子们提供良好的音乐教育，激发音乐兴趣和潜能，开发音乐素质，达到发挥其艺术才能，启迪其聪明才智，陶冶其审美情趣的目标。通俗一点讲，这个音乐班，不仅是学学演奏技巧，更不是为了升学加分，这个音乐教育试验的目的是，对有音乐天赋的孩子将提供专业的音乐启蒙教育，对大多数孩子们是运用音乐来开发智慧，陶冶情操。

音乐试验班对课程进行了改革。在保证完成部颁小学各科课程、保证周课时总量不增加的前提下，减少语文、自习和其他活动课时，增加"乐理与欣赏"、"视唱与合唱"、"唱游与舞蹈"以及"授琴与练琴"（钢琴和提琴）等音乐课时。

音乐试验班在不断提高音乐专业教学水平的同时，还进行了一项重要的探索：以音乐教育促进各科教学改革，以各科教学改革提高学生全面素质。例如，在提琴专业课中开设培育学生群体意识和开发创造力的"提琴合奏课"、"即兴创作演奏课"和"看图编曲演奏课"，在文化课里开设"听音乐，讲故事"、"听音乐，写作文"、"听音乐，画图画"和"快乐的音乐生活"班队会，让孩子们在学音乐中学到文化知识、培养能力，又陶冶情操。

鼓浪屿人民小学音乐试验班的成功在全国激起了极大反响，1986 年音乐试验班的经验被指定在全国首届音乐教育改革研讨会上做典型发言，中国音协主席李凌发言中多次谈到人民小学的这些经验。接着，全国各地教育界、音乐界 100 多个参观团蜂拥而至，美、英、德、加、比、澳和菲律宾等 50 多个国家的教育、文化、艺术及新闻界友人也慕名来访。

英国加的夫市市长率团考察音乐班观看了学生表演后很惊讶："如果不是亲眼所见，我真不相信你们中间有这么多天才！"他回国后在英国的电视台，称赞在厦门鼓浪屿的所见所闻是这次旅行最有意义的内容。

美国艺术代表团团长、哈佛大学艺术教育学院院长周中文和该大学心理学博士加德纳，以及洛克菲勒基金会琼斯女士对人民小学音乐班很感兴趣，一致肯定音乐班学生很有创造力，赞扬音乐班老师出色的工作成绩。

## 四、"多元智能理论"的创始人在鼓浪屿找到了知音

这里我们注意到一个人，他随美国艺术代表团参观了鼓浪屿的日光幼儿园音乐教育和人民小学音乐班后意犹未尽，过后还两次专程到学校做进一步观察研究。这位鼓浪屿音乐教育的知音就是大名鼎鼎的哈佛大学"零点计划"负责人、"多元智能理论"创始人加德纳教授。加德纳教授1983年提出了他的"多元智能理论"，立刻被翻译成多国文字，在世界范围内引发了一场教育的革命。这理论也是我国这一次基础教育课程改革的重要理论依据之一。

加德纳教授小时候钢琴弹得很好，是个钢琴天才，甚至曾

美国哈佛大学加德纳教授来鼓浪屿考察（日光园 供）

想以音乐为职业。因为他是色盲，高中时为了让他对色盲有所了解，叔叔给他一本心理学教科书，结果"无意插柳柳成荫"，加德纳迷上了心理学，从此走上了心理学研究之路。

80年代加德纳教授正领导"零点计划"的发展心理学课题组，研究"正常儿童和天才儿童在符号运用方面的发展特征"，研究方法之一就是"对儿童各种符号运用能力的早期发展的自然追踪研究"。也就是在研究儿童"各种符号运用能力"过程中加德纳创立了他的"多元智能理论"，在世界范围内掀起了一场教育领域的革命。

大概和加德纳教授的"音乐情结"有关吧，哈佛大学的"零点计划"对"音乐符号"的运用有特别的感情，视艺术活动为人类的心灵活动，由艺术入手研究人类的认知规律，也同时进行艺术教育的研究和开发。

加德纳教授的这些研究和鼓浪屿文化很有缘分，正当他的"多元智能理论"走向成熟的1986年，他初次踏上鼓浪屿，马上对人民小学的音乐教育和素质教育的探索一见如故，如获至宝，一而再，再而三兴致勃勃地到学校做"自然追踪研究"。

## 五、厦门音乐学校：这里走出去的不只是琴师乐匠

厦门市政府也很重视人民小学音乐班的经验，在音乐班试验了6年之后，1990年市政府决定在鼓浪屿建立厦门市音乐学校。这所学校的主体是九年义务教育特色学校，高中则属艺术类中专。

和人民小学音乐试验班一样，厦门市音乐学校中专以外的部分不是音乐专业学校，仍然属义务教育的普通学校，其创办的宗旨是："突出音乐特色，注重全面发展"，文化教育与音乐教育同步优质发展。也就是说有双重任务：既要为未来的音乐精英打好可持续发展的专业基础和厚实的文化基础，又要发挥音乐教育对青少年健康人格形成和多元智能开发的积极作用，成为培养像爱

因斯坦那样有很高音乐造诣的各种领域大师级人才的摇篮。

就是中专部分，音乐学校也和一般艺术中专不同，她的中专与厦门二中普高实行"双重学籍"，初期甚至把文化课都寄到二中去上。也就是说，其毕业生既可拿到中专文凭，又可和普高学生一样参加全国高考，学生的继续深造"可持续发展"得到了保障。这种"普职立交桥"模式在当时还很少见。就有学生从这"立交桥"走进清华等著名综合大学，更有许多学生从这"立交桥"进入全国各地高等音乐院校深造。

市政府从全国聘请了一批音乐教育专家，如请我国著名作曲家贺绿汀先生为名誉校长，上海音乐学院管弦系主任郑石生教授为校长，我国著名钢琴教育家徐荣芹教授为顾问。也从厦门二中和鼓浪屿的小学调集一批文化课骨干，人民小学音乐试验班的160多位学生连同20多位文化课老师全部划归厦门市音乐学校。厦门二中副校长、殷承宗的胞兄殷承典调任音乐学校的常务副校长。

厦门市音乐学校现在不但有钢琴、小提琴这些王牌专业，还设立管乐、民乐和声乐专业。学校还先后组建了学生管弦乐团、民族乐团、合唱团，厦门市的中小学生管弦乐团也依托在这所学校。这种"校团结合"的模式使学生有较多的音乐表演实践，音乐专业水平突飞猛进。更让同行佩服的是，这群每天要花不少时间练琴的学生，在厦门市历年中考的文化课考试中，竟然也显示出不俗的优势。

现在这所学校，已被冠以厦门大学附属音乐学校，上海音乐学院附中也在学校里设了教学点。著名音乐家殷承宗、郑小瑛、徐荣芹都是学校的顾问。厦门市音乐学校已经是厦门市的一张烫金的"名片"了。

## 六、鼓浪屿教育能从"小"字变出什么来

世纪之交，鼓浪屿教育还做了一项理念超前全国很多年的全

区性的整体改革，不过和以往几个改革不一样，这个改革是被逼出来的。

鼓浪屿本来就是一个面积只有 1.7 平方公里的小岛，据说当时鼓浪屿区政府是全国最小的区级政府。改革开放后区教育局所辖仅人民、笔山、鹿礁三所小学，比别的地方一个"中心小学"所管的学校还要少。90 年代中期以后，决策者把鼓浪屿当摇钱树的结果是把鼓浪屿这棵大树的根都摇断了，"只出不进"的政策使得人口日益减少，受其影响岛上教育也逐年萎缩，小学由三而二，由二而一，最后仅存人民小学一所，而且学校也特别"袖珍"，规模不及其他区大校的一个年级。

学校生员锐减的形势以及因此带来的一系列问题，鼓浪屿比全国其他地方提前近十年感受到，在这个问题上的对策研究也因此超前了近十年，用现在最时髦的说法叫作"被先进"了。面对严峻形势，鼓浪屿人思考的结果是：要绝地逢生，改革是唯一出路。鼓浪屿教育开始了一场跨世纪的大改革。

鼓浪屿教育的特点是"小"。"小"可以带来问题，"小"也可以转化成优势，关键看你懂不懂得因势利导。他们的对策其实就是在"小"字上做文章：因小而精，因小求大，打造"精致教育"。这次跨世纪改革不是单个学校内部的局部改革，而是一次"政府行为"，是全区性的整体改革。

——因小而精。生员锐减威胁教师和学校的生存怎么办？就搞"小班化教学"，缩小班生规模，在教育内涵上求精。

这一招不但可以稳定教师队伍，保住学校生存，而且为人口的周期性波动回升留有从容应对的余地。他们研究了境外小学小班教学的经验还发现，教学要能尊重差异，有效地照顾到学生多元的个性化发展，要真正落实课改的教学要求，小班化是必然趋势。因此他们果断地先在鹿礁小学试点，再全区推开，实行 30人一个班的小班教学。

近十年之后全国开始遇到类似的难题，鼓浪屿已经超前地积累了经验。从教育史的角度看，"小班化"标志着教育由大工业时代"生产标准件"转入后工业时代的"关注多元智能、关注个性发展"。小班化教学的实施，避免了大班额引起的种种问题，让老师们可以因材施教，可以在课堂上更从容、更精致地落实"知识与技能，过程与方法，情感、态度、价值观"三维目标，把课改搞得更扎实。

——因小求大。鼓浪屿的小学都是袖珍学校，怎么样才能跳出"小"的局限？树立"大课堂观"是关键，就是要把整个鼓浪屿变成一个大课堂、大学校。这个做法来自于鼓浪屿的传统，也得益于一项社会实验，这就是"社区教育"实验。

90年代末，知识经济时代教育要如何应对，理论界提出"终身教育"理念和"教育社会化，社会教育化"的构想，教育部和民政部都在全国搞社区教育试点。80年代末鼓浪屿全岛三所小学的校外活动已经形成全岛一体化的格局；人民小学也正研究新世纪要赋予"三园模式"新的时代精神，提出"树立大活动课观念"，把课堂蜿蜒到社区。有这些前期基础，2000年鼓浪屿被教育部确定为全国8个"社区教育实验区"之一先行先试就水到渠成了。

经过几年的实验，摸索出一套社区教育的"鼓浪屿模式"来：全区小学形成"开放式小学创新教育系统"，开门办学；区政府成立协调全区的"社区教育中心"，调动、集合岛上所有的教育资源为教育服务，区少年宫统一了全区少先队活动、科技活动、社会实践活动。岛上袖珍的学校教育因为开放而变成丰富多彩的大教育，"教育社会化，社会教育化"在鼓浪屿这个实验区里从理论一步一步地变为实践。

## 第三节 百年老校厦门二中的今与昔

现在鼓浪屿岛上的中学有两所，一所是厦门市音乐学校，这是一所1990年由市政府办的特色学校，小学和初中是九年制音乐特色的义务教育，高中为音乐中专。另一所为普通完全中学，这就是厦门二中。

厦门二中是由鼓浪屿岛历史上5所中学演变而成，这5所中学里，英华、毓德、怀仁、厦大校友4所中学是解放前就有的，大多为百年老校，鼓浪屿侨办中学是解放后50年代由鼓浪屿的归侨办起来的中学。因此，要了解鼓浪屿的中等教育，厦门二中最典型。不过，另外那些已经从历史上消失的学校，也有一些故事可以让我们感受一下鼓浪屿早期的中学教育，例如林语堂先生的母校寻源书院。

### 一、林语堂谈他的中学时代

鼓浪屿的寻源书院是美国归正教会和英国长老会于1881年联合创办的，原名"寻源斋"，址在田尾，1889年迁往东山顶，即现在音乐学校的地方。起初是为培养基督教传道师而设，主授神学，兼授中学课程。后来虽然改为普通中学，却一直保持浓厚的教会色彩，以至1925年美国教会宣教区扩大至九龙江北区，该校也为教会深入内地的需要服务，"战略前移"迁入漳州，以方便吸收漳州一带的青年。

林语堂1905年从漳州平和坂仔镇转学到鼓浪屿养元小学插班，毕业后选择寻源中学，想是与此有关。对林语堂的父亲这个乡村穷牧师来说，寻源书院浓厚的教会色彩，以及不用缴交英华、毓德那样高不可攀的费用，肯定很有吸引力。不过，从林语堂先生的自传看，这位著名的文学家对自己的母校一方面感恩，学校为他提供了免费的中学教育，甚至连膳费也免了，一方面却

建于东山顶的打马字纪念楼，时为寻源书院校舍（白桦 供）

对学校教育的印象不好。

他在自传中回忆说，"我们有地理、算术、经典、一薄本的地质学"，对这些课本，"我既不喜欢，也不厌恶。太容易，太简单了"。"学校连个图书馆也没有"使他大失所望。令他愤愤不已的是，这个教会学校不让师生看报纸，也不准看中国戏剧，因为基督教学校的学生"站在戏台下或听盲人唱梁山伯祝英台恋爱故事，乃是一种罪孽"。林语堂说，"我被骗去了民族遗产"，"被剥夺了得识中国神话的权利"。对教会学校的这种教育，林语堂感叹说："我的中等教育完全是浪费时间"！

让林语堂先生印象最糟糕的是当时的校长，对学生监督得很严，自己却不以身作则。"当时鼓浪屿很繁荣，做房地产是好生意。我听见他那不停的打算盘声"，道貌岸然的校长竟然在办公室里搞第二职业，

毓德女中于1925年迁往东山顶校舍

炒起房地产来了！"一个贪婪无厌的人"，林语堂在自传中就这样评价这校长，以至整个中学生活"我记得清楚的，只有校长的珠算盘"了。在鼓浪屿办学43年后，寻源中学迁离鼓浪屿，东山顶的校舍让给了毓德女中。

## 二、校训和鼓浪屿的教育生态

20世纪20年代初才设中学部的毓德，1925年从鼓浪屿田尾迁到东山顶后，在海内外热心人士支持下经过几年大建设，30年代一跃而成一所建筑先进，设备齐全、教育质量高的新制完全中学，和鼓浪屿的英华中学一样，后来成为厦门二中的主要成员。

解放前的英华和毓德这两所中学，一所只收男生，一所专招女生。英华的校训是"诚、智"，毓德的校训是"诚、洁"，和现在很多学校口号化、空洞化、雷同化的校训比，这两个校训显得简洁又有个性，体现出追求真、善、美的学校文化。

校训的那两个字，从两校当年《校歌》的歌词中我们可以找到诠释。

两校校训共同强调一个"诚"字。"诚"字在校歌中，英华是"诚唯敬一"，强调"敬一"，坚持始终如一，表里一致。毓德是"唯无伪兮万能"，强调"无伪"，倡导诚实，真诚，实事求是。英华校歌歌词有一段站在日光岩延平故垒抒发的豪情："狂澜谁挽，慷慨予怀"，还让我们悟到这"诚"不仅仅是为人的品德，还有公民的社会责任，包含了对祖国对人民的忠诚。

两校校训中又各有一个不同的字。英华突出了"智"字，校歌中告诉学子们"登高自卑　问学无涯"，站得越高，越是知道自己的渺小，越是知道探索学问的道路没有止境，越要学习，学习，再学习，"智从学来"。毓德突出的那个"洁"字，让人们想到女学生的温文尔雅，洁身自爱，清纯圣洁。校歌中要求毓德的女生们，要素如兰花，清如梅花，心灵要像玉石、像冰雪一样的纯洁。

这是我们用现在的眼光去看、去"悟"英华的"诚智"和毓德的"诚洁"。这些校训毕竟是经过了近百年的历练，怎么才能理解她真正的内涵？黄猷老前辈指导我们要用历史的眼光动态地看校训。这两所学校制定校训是在教会学校的年代，因此对校训要从教会学校的宗教本意和随

毓德女中的上课情况

101

毓德女生

时代变迁演绎出的不同的"世俗化"诠释去理解。他是这么解读的：

> 不同时代对"校训"有不同体认。

> （英华的）"诚、智"，初意为信唯一的上帝，求真理；以后才世俗化为有信仰，求知识；再引申为有社会责任感与思辨和实践的能力。大革命时代，是对社会负责还是对国家负责有了冲突；抗战时期这矛盾得到统一，但对战争的不同态度（爱或暴力）又推出了对历史负责与对现实政治负责的更具本质性的问题。"

> （毓德的）"诚、洁"，初指（对上帝的）忠贞、圣洁，世俗化为忠诚、高洁。这就出现了福姑娘

（即美国人福懿慕，曾任过毓德的主理、校长）的强调信靠、顺从、规矩与邵庆元（毓德注册立案后的首任中国校长）的强调开阔、矜持之争。邵1938年离开后就是福的主张当家了。

看来，不同的历史时期，对校训有不同的世俗诠释。从这里面，我们可以看到不同时期，宗教的与世俗的、传统的师道尊严与西方容许师生个性发展的自由主义、普世价值与民族传统以至国家主义，是怎么在鼓浪屿这小岛上和各个学校中"磨合"、积累、演进的。当然，这其中也融进了每位校长的学识、修养和个性。不历史地看问题，一刀切，难免片面、肤浅、单薄。

很长一段时间厦门不少人有这么一种感觉，在鼓浪屿受教育的学生，自有一种独特的清灵气韵。曾在厦门二中工作过的冯龙土老师称，他"往往能从行人中约略辨认出那时英华中学和毓德女中的学生，他们的风度、走路、谈吐细节样子，给我留下'文雅'印象"。现中科院院士张乾二教授，过去曾在厦门二中前身鼓浪屿的厦大校友中学教过书，他深有感受地说："那时我们的学生走出去，无论男生女生，言谈举止几乎都能让人感觉到友善有礼的品行和与众不同的端正高雅的气质。"

鼓浪屿学生为什么会有这种独特的品行和气质呢?

究其因，黄猷先生认为，"不同学校（英华与毓德，毓德与怀仁，还有美华）要求不同，学生气质也不同。一校之内不同生源之间，也不同。但有其共性。不断积累并起决定作用的主要还是社会思潮，教育只是弃芜求精。教育成败的关键也就在此"。

张乾二院士认为："英华的校训'诚、智'，毓德的校训'诚、洁'，在各自的学校都不只停留在表面文字上，而是真正落到了实处。"

真是讲到"成败的关键"上去了。成败的关键在教育要善于从历史潮流中"弃芜求精"；成败的关键在这些"弃芜求精"而

1970 年代的厦门二中的课堂教学

成的校训要能真正在教育实践中得到落实。正是有在真善美不懈追求中磨合、提炼出来的校训，正是有对校训持之以恒的落实和积累，鼓浪屿的学校终于形成了优良的校风，形成了优秀的学校文化，熏陶着一代代的学子。

校友们也有同感。毓德的校友说，在鼓浪屿这个美丽小岛上，解放前居住着许多侨眷和银行商贾家属，不乏有钱人家，却从未见到身穿奇装异服的小姐，这是受毓德朴素校风的影响。"在校时，我们穿着统一的校服，夏天白衣黑裙，冬天蓝色旗袍，全是布料，朴素大方。学校规定，入校必须剪齐耳短发，不许烫发，不许涂脂抹粉；要讲究礼貌，在街上不许吃零食，见到老师要行礼。"

教会办的女中，在对女生们提出"德智体群"全面发展的同时，还特别重视对女生品德修养、言谈举止、生活习惯"淑女气质"的培养，一直到解放初，毓德女中都还保留着这样的传统。

校友们回忆说，解放初女中开设的家政课和缝纫课一直还保留着。让她们印象最深的一项活动是，学校统一安排，女生们分批轮流，放学后到田尾一座小楼集体住家，自己料理半个月的生活。这半个月的集体生活，是解放前留下来的"淑女教育"的精彩节目，不但锻炼了女生们独立生活能力，更是培养了女生们生活、交际中的"淑女"气质和风度。使校歌中唱的"兰花素兮梅花则清，方吾洁抱莹莹"的愿景能真正内化为女生们的素质，别具特色的"淑女教育"功不可没。

但是，大家又会问，校训其他学校也有，为什么偏偏鼓浪屿的学校能真正落到实处呢？除了他们的校训简练可行，除了教育工作者的认真执著外，是不是还有其他独特的因素？我们想还和鼓浪屿特有的教育生态有关系。

鼓浪屿成为西方列强的公共租界的附产品之一，就是把西方的法制和先进的城市管理带进来。相比军阀混战、土匪横行的周边，鼓浪屿是个社会稳定的绿洲，成为海外华侨和一些上层人士家眷定居的首选地。鼓浪屿很小，长期定居使很多家长和子女成为同个学校的校友。鼓浪屿的女校又集中，女生毕业成人当上母亲后，很自然地会把"校训"变成"家训"，代代相传。也就是说，在鼓浪屿，学校的"校训"可以通过很多家庭的家教得到强化。

这里讲的"家教"，不是现在社会上理解的"聘人来家里给孩子补课"，而是家庭的一项重要功能，是家庭的价值取向和生活品位的传承，是家长的言传身教对子女们的潜移默化。闽南老前辈们对没礼貌的孩子常常摇摇头感叹道："大人没教示"，批评的就是"家教"的缺失，就是家长没负起对孩子教养的责任。

而且也正由于鼓浪屿的小，岛上受同样教育的人比例大，因此整个岛的文化受学校文化的影响深，"校训"还易被演化为全岛认同的"岛训"。鼓浪屿这"家、校、社教育价值取向一致"的教育生态特色，正是岛上学校得天独厚之处。这个重要的教育生态对鼓浪屿教育的影响深远，是大家分析研究鼓浪屿教育现象的一把钥匙。

但是，尽管这几所学校都挤在小小的鼓浪屿上，却不"同岛一面"，存在共性的同时还都保持着各自的办学个性特点。

老一辈鼓浪屿人的眼里，解放前鼓浪屿的几所中学当中，英华、毓德比较"贵族"。这"贵族"表现在生源结构上，两校是鼓浪屿乃至厦、漳、泉，龙岩、汕头、台湾甚至远到南洋那一些交得起昂贵学费的上层社会子女们向往的学校。这"贵族"还表现在毕业生的出路上。早期的英华，曾保留过一段8年制的"书院"形式，8年的最后2年为大学预科。英华毕业生除了升大学外，大部分是到洋行、海关、邮政局、电报局或教会机构工作，还有一部分到教会学校当教师，待遇比社会一般行业优越得多了。而毓德女中高初中毕业生的出路，这里有一个1938年的统计，升学者28%、教育35%、医务8%、传教3%、青年会1%，其余在家当家庭主妇约占25%，出路也很好。

其他几所中学则比较"平民色彩"。比如早期的寻源中学，学生很多来自同安、安溪、龙溪、平和、漳浦等乡村，毕业后多数在"教会系统"里奉献，当传教士或在教会办的小学、医院工作，而且不少是"从哪里来，回哪里去"服务，像林语堂那样幸运升大学的是少数，到洋行任职的更是绝无仅有。

怀仁女中和美华学校也有类似的平民色彩。美华学校建在鼓浪屿"五个牌"，学校边的农田山地还办起美华农场和牛奶场，学生可到场里勤工俭学。所生产的新鲜蔬菜和牛奶，特别是立在山头上的风力抽水机的风车，深深留在老鼓浪屿人的记忆里。

尽管有这些区别，但解放前鼓浪屿的中学大多数是西方教会背景，学校文化程度不同地受基督教文化的影响是这些学校的共性。

解放后，人民政府接管了这些学校，教育与宗教分离，贯彻全国统一的教育方针，鼓浪屿中学教育的面貌焕然一新。改革开放的 80 年代，思想解放，厦门二中在全面贯彻国家的教育方针的同时，还重视总结和继承鼓浪屿中学教育的优良传统，重视发展学校个性和特色，在英华和毓德校训的基础上提出新时期二中的校训。

厦门二中的新校训是"勤、诚、智、洁"。勤以奋进，诚以待人，智以处事，洁以自善，他们对新校训做了这样的诠释。

## 三、一件小事看厦门二中的个性

解放后的教育体制，由于受全国统一高考的制约，在中学里尤其是在高中，"共性"的东西强调得多一些。尽管如此，剧烈竞争的潮流中，厦门二中在鼓浪屿这有着丰厚历史底蕴的小岛上依然不慌不忙地弹奏着自己的"小夜曲"。

例如 1958 年大跃进，全民大炼钢铁，大办工业，学校也不例外。不过当时厦门二中出名的不在这轰轰烈烈的"主旋律"里，而是浪漫地在校园里办起了养兔场，引进安哥拉长毛兔大养特养起来。人家的产品是死的，我们的产品却是活的，而且是引进的！轰动一时。鼓浪屿的很多家庭，也纷纷到学校来"引进"这外国兔种养起来。53 年前的这举动现在看也很前卫，符合当今提倡的"环保低碳"理念。

还有足球，还有英语，在阶级斗争愈演愈烈的严峻环境里，厦门二中这些浪漫的"小夜曲"体现出来的务实精神更让人难以忘怀。

## 四、外语教学在继承中前进

厦门二中在厦门教育史上留下的永久记忆是她的外语教学。

组成厦门二中的 5 所中学中，英华、毓德和怀仁是 19 世纪末西方教会办的老校。在这样的学校里，英语教学历来是重中之重。以英华中学为例，早期教师大都是英国人，连课本都从英国购买，而且一律用英语讲授，毕业生直升英联邦的大学语言不存在障碍。1928 年收回教育主权后不再这样一边倒，但英语仍然是强势学科。

英华 1946 届校友朱思明老先生高、初中都在英华读书，他回忆说，当时单英语就开了多门课程：英语（I）、英语（II）、英语语法、英语朗读、英语翻译和英语演讲等，而且都是单独设课。英语课程多，任课教师也多，初中教他们这班的英语老师就有 5 位，其中"胜安得"是外籍教师。高中这班的英语老师多达 6 位，其中"胜安得"和"李乐白"是外籍教师。从初中起英语的课堂教学全用英语。久而久之学生们甚至可以辨认出，胜安得老师的英语是"纤柔动听的英格兰口音"，李乐白老师讲的是"浓郁的苏格兰腔调"。

而且，胜安得老师不仅在课堂里教英语，还对他的学生进行别开生面的课外教育。朱思明老校友回忆说，高二时，胜安得老师"每周一个晚上邀请我们全班同学到他住宅举行 teaparty。主人夫妇出面招待，人手清茶一杯（可随个人意愿酌加鲜牛奶、方糖），饼干数块。Party 的活动有：先是边喝茶边交谈，接着由胜先生主持做集体游戏，然后再分三、五人一组在胜先生预先布置的户内器械上玩游戏"。这 party 活动，让学生在英国传统文化情景中进行英语口语交际实践。在交际中熟练了口语，学习了西方社交礼仪，感受了西方文化。怪不得英华出来的毕业生不但有一口地道的英语，还有那么一种风流倜傥的"英国绅士风度"。

　　解放初外籍教师都回国了，但厦门二中自己的老师基本上仍用英语教授英语和语法课。到了 60 年代，用的是全国统一的英语教材和课时。虽然在大多数课堂上，仅剩下英语课的上下课"仪式"用几句简单的英语课堂用语，但英语课堂上采用"自然教学法"，尽量用英语作教学语言一直是二中外语教学改革追求的主流。不过学校里有一位英语老师，他另类的教学主张不但让学生们爱上了英语，也让学生们永远记住他。这位就是吕良德老师。

　　吕良德老师是鼓浪屿人，解放初毕业于厦门大学外语系，是一位治学严谨、业务精良、教学认真又很有个性的老师，敢于挑战权威。60 年代他就投书权威的《现代高级牛津字典》和《基础英语》的作者，指出书中的错漏及语法错误。两作者复函表示感谢，诚恳接受意见，赞赏吕老师深厚的英语造诣。

　　关于在非英语国家如何教英语的问题，吕良德老师根据自己多年教学经验和调查研究结果，于 1985 年提出了"本族语言已成为人们生存的一部分，学习者不能用外语思维方式去学习外语"的观点，挑战现代语言学家 Palmer 等人提倡的"直接法"，认为该教学法违反非英语国家学生的认知规律，不能盲从。吕老师应邀到美国夏威夷大学东西方语言文化交流大会介绍他的这一观点，他在大会上宣读了论文《外语教学必须通过本族语言来进行》，获得好评，认为这观点对全世界与会者有特殊价值。国内《英文世界》也刊登了这篇论文，还专门写了编者按。

　　不过吕老师让学生们记住的是他的教学机智和幽默，他认为要提高英语兴趣和记忆，最好的方法是和一些实际事物联系起来记，特别是和一些有趣的事。他在课堂上身体力行，比如为了让学生记住中文的一些词不能直译成英文，他讲了一个让学生们终身难忘的故事：有个中国巡捕替老乡向英国长官说情，他把要表达"看在我的脸上，马马虎虎"的意思直译成"中国式英语"，变成"Look my face, horse horse tiger tiger.",搞得英国长官一头雾水"What? What?"直叫,因为他对着中国巡捕的脸左看右看,即没看到"马"也没看到"虎"。吕良德老师确实善于调动学生们对外语的兴趣。

当然,举的这些例子并不能代表厦门二中英语教学的全貌,也不是企图证明哪一种教学法更高明。只是想让大家领略一下这支教师队伍的特色:藏龙卧虎,不但外语素养高,而且"和而不同",不同学派兼容并蓄都有用武之地。正如校友张乾二院士说的那样,"学校师生关系平等,同事关系单纯,有一种彼此尊重和关爱的浓郁气氛"。

解放后的厦门二中,懂外语的老师还真不少。非英语教师当中,能够阅读外文书、可以用英语日常会话者大有人在。就是在"以阶级斗争为纲"的60年代,学生们不但听过陈碧玉校长和教化学的陈珊轮老师在联欢会上的英语歌曲二重唱,还看到他们与英语老师用英语交谈。厚实的英语底蕴是厦门二中的特色。

让厦门二中英语教学如虎添翼的还是鼓浪屿特有的教育生态。

"文革"前厦门二中的学生基本上都是鼓浪屿的孩子,学生家长中受过"洋"教育的比例很大,家长英语的平均水平高。再加上厦门大学的教师宿舍在鼓浪屿,鼓浪屿各学校的教师也大多数住在鼓浪屿,他们的子女基本上都在鼓浪屿上学,一个小小的鼓浪屿密集着这么多懂英语的家长。又是一个家、校、社教育取向一致!这样的优势全国少见。这样的教育生态为厦门二中的英语教学提供了一个得天独厚的环境。

厦门二中陈碧玉老校长说:"一所好学校,正是通过学生和学校文化的传播,体现出她的文化底蕴,谁也挡不住她的影响力。""文革"刚结束,百废待兴,厦门二中这所百年老校再一次放射出她学校文化的强大影响力，体现出她厚实的文化底蕴。这一次"挡不住"的正是她的英语特色。

## 五、从"英语试点班"到外国语学校，一脉相承

"文革"结束，闭关自守十余年的中国放眼看世界，发现与世界差距太大，有被"开除出地球"的危机感，下决心扔掉"继续革命"理论，改革开放奋起直追，建设"四个现代化"。面向世界一看，才发现紧缺大批懂外语的人才，特别是既有扎实的科技素养又可以流利地用外语与外国人交流的人才。"中学教育如何急国家之所急，更快更好地培养国家急需的人才，是当时我们一直思考的问题。"采访的时候，年已九十的陈碧玉老校长对我们谈起了当时的这些思考。

经过广泛认真的讨论，厦门二中锐意创出一条中学外语教学改革的新路。1978 年，厦门二中的"英语试点班"沐浴着中共十一届三中全会的春风启动了。时任厦门市教育局副局长的陈碧玉老校长辞掉了行政工作，回到二中专心领导这项实验。

厦门二中英语试点班

陈老校长告诉我们，当时他们为英语试点班制定的方针有两条：一是"文理并重，突出英语改革"，一是"以英语的教改推进其他各科的改革"。实践证明这是两条很有远见的方针。

——"文理并重，突出英语改革"。"英语试点班"当然是搞英语教学实验，但必须"文理并重"。"文理并重"，既表明这个班不是只培养通外语的文科人才，同样重视培养通外语的理科人才；又表明，对理科人才来说，不懂外语又缺乏人文素养就难以继续深造，难以面向世界。对文科人才特别是对翻译人才来说，缺乏现代科学专业素养，也很难面对现代化，很难胜任科技方面的翻译工作。因此对实验班所有学生的要求是：文科、理科都要学好，用现在的话说，就是要成为"复合型人才"。

——"以英语的教改推进其他各科的改革"。表明这不能是英语学科单科独进，而是一项整体改革，是"系统工程"。

厦门二中的"英语试点班"起步时国家正在拨乱反正，信息贫乏，特别是社会上思想、政策的框框套套还很多，困难可想而知。但他们解放思想大胆地进行试验，探索出了一个"厦门二中模式"：

课程设置上，在保证完成部颁教学大纲规定的中学各科教学任务基础上，加强英语教学；

教材使用上，部编教材与引进教材并用，大胆引进香港中学课本 Access(《捷径》)；

教学组织上，英语课分小班上，以增加每位学生英语的听、说和交流的机会；

教学手段上，运用"电化教学"，强化听、说、读、写训练。那年头还没有电脑"多媒体"，有几台录放机、小电影机以及后来的投影仪、电视机已是很"现代化"了，他们还率先装备起第一代简易的"语音室"；

教学活动安排上，开拓丰富多彩的英语"第二课堂活动"，调动学生学习英语的积极性，提高学生外语交际能力；

专业队伍建设上，他们立足本校，不等不靠，采取多种渠道培养一支勇于改革而又作风踏实业务精湛的英语教师队伍。

厦门二中英语试点班的实验是成功的。1982 年根据厦门二中试点的经验，厦门市政府在鼓浪屿东山顶原二中高中部，创办了"厦门英语中学"。又经过近 30 年的努力，迁出鼓浪屿的"英语中学"发展成有两个校区，8 位外籍教师，开设英、法、德、日多语种课程的"厦门外国语学校"，成为一所省一级中学。

现任的校长赵继蓉告诉记者，陈老校长给学校留下的最大财富是，从一开始她就坚持，外国语学校既要突出外语，数理化也要达到相当水平。外国语学校至今已有 29 年校龄了，致力培养"中国灵魂，世界胸怀"的高素质国际性复合型人才，仍然是以"突出外语，文理并重，全面发展"为办学指导思想的一所普通完中，而不是一所单纯的语言学校。办学理念和厦门二中英语试点班一脉相承。

2010 年是三八国际劳动妇女节 100 周年，厦门评出 10 名"时代女性"，90 岁的陈碧玉老校长因"倡议和推动厦门外国语学校创办"而入选。可见这所学校和她所倡导的办学理念经受住了历史的考验，得到厦门人民的认可和赞誉。陈校长早年毕业于厦门大学数理系，曾任厦大老校长萨本栋教授的微积分助教，本身就是一位"文理并重"的楷模。

## 六、鹭岛雄风：威名远扬的足球和民兵

除了外语教学，厦门二中留在厦门教育史上的还有她的足球。厦门二中的前身英华书院的创办人据说是一位足球爱好者，因此 1898 年创办英华的时候，把自己的学生——一群对洋水兵用脚玩的那种球很感兴趣的鼓浪屿年青人也组织起来训练，这不但诞生了鼓浪屿的第一支足球队，竟然也是中国大陆历史上的第

厦门二中海防民兵

一支足球队！一百多年来，厦门二中的足球在几代人的努力下，从与上岸的洋水兵对阵，到南征北战所向披靡，蜚声海内外，培养出一大批足球运动人才。更可贵的是在学校里形成"班班有足球队，赤着脚也满场追球"的草根文化，这是学校足球传统长盛不衰的根源。

厦门二中出名的还有当年的学生民兵。

20 世纪 80 年代以前，台湾海峡局势一直处在紧张状态，厦门这个与台湾一水之隔的城市，也一直是海防最前线。"人民战争"战略思想建构下的厦门前线，有解放军正规部队重兵把守，还组建了一支强大的民兵队伍。鼓浪屿虽然不在最前线，但也是一个海岛，四周的海可是同大小金门、大担、二担这些敌占岛紧

二中运动员

紧连在一起，防卫的任务很重。因此，鼓浪屿岛上不但工厂的工人武装起来，连学校里的中学生都武装起来了，"全民皆兵"。"厦门二中民兵营"就在这特殊的年代、特殊的环境中组建并成长起来了。

当时的高中，每个年段组成一个连，每个教学班组成一个排。一个排有三个"兵种"：海防、消防和救护。海防民兵配备有武器，每人一支带刺刀的苏式步枪，每班还有一挺"歪把子"轻机枪，几箱手榴弹。这些武器是解放军淘汰下来的，但和抗美援朝时相比就先进多了。到了"文革"后期"复课闹革命"，"全国学习解放军"，干脆把教学的传统建制"年段"、"班级"都撤销了，也以军队的"连"、"排"取代之。

学校民兵营的任务：一是防空袭，防炮袭；二是防"下海投敌"；三是反"小股"（即小股武装偷袭）。

这些任务可不是说着玩的。从金门起飞的飞机，刚起飞就到厦门上空，还有，鼓浪屿是在金门重炮的射程之内，空袭、炮袭随时可能。这就可以理解民兵中为什么要设有消防兵和救护兵了。"反小股"也绝非空穴来风。当时海峡对岸就专门训练一批武装"水鬼"，夜里渡海偷袭前线村庄、哨所，制造政治影响和社会恐惧。"下海投敌"也确有其事，当时就有对大陆政权不满者，甚至一些犯案潜逃者，从厦门下海，抱着篮球游到对岸"投

厦门二中学生军训

敌去了"的事。有一个民间传说：某天，有个内陆来的"投敌者"，就因听说厦门与金门仅"一水之隔"，到厦门走捷径来了。趁着夜黑风高，那人悄悄地从厦门轮渡码头下海，游过鹭江顺利抵达"一水之隔"的鼓浪屿，以为到了"自由世界"，一上岸就兴奋地高呼口号，向正在巡逻的民兵"投诚来了"！都怪那个该死的"一水之隔"。

在那个真刀真枪的年代，厦门二中学生军事训练扎实地开展起来。不但是"立正"、"稍息"、"齐步走"的军姿队列有模有样，投弹、刺杀、射击、利用地形地物等单兵动作也很过硬，还进行了"班进攻"、"班防御"的战术训练。当时，二中民兵负责鼓浪屿大德记海滩的警卫。海防民兵们白天在学校读书，晚上真枪实弹在海滩巡逻，通宵达旦轮流在哨位站岗。这段经历让学生们深受锻炼，终身难忘。威武的厦门二中学生民兵因此名扬四方。

## 七、鼓浪屿学子和他们的"鼓浪屿格调"

更使厦门人难忘的是厦门二中的办学风格中那浓郁的鼓浪屿

格调。

　　在人们的感觉中，鼓浪屿的教育有自己的慢节奏。特别是中学教育，有的人就此批评说缺少点竞争意识。其实从另一个角度看，是追求的价值取向与世俗的那种急功近利的取向不合拍。正如校友张乾二院士指出的那样，厦门二中的教育传统是注重全面发展，注重健全人格的培养。教学上的特点是"顺其自然"，让孩子们感到学习是他们的需要和兴趣，激励学生作为独立个人活泼自由地发展。

　　对于这一点，解放前和"文革"前的校友们很有感受。当我们翻阅厦门二中的《晃岩之歌》一书时，可以读到很多校友这方面的回忆。

　　正如毓德52届校友丘涟净写的："学校每学期举行多种比赛：国语演讲、作文、大小楷书法、乒乓球、篮球、排球、美术画展、歌咏和文艺演出（话剧、哑剧）等。学生们既努力学习课本，又从多种赛事和锻炼中享受到丰富多彩的愉快生活。"学校里还活跃着根据学生个人的兴趣爱好，自愿报名参加的话剧团、歌咏队等学生社团，这些学生社团在老师的指导下青春活力四射，同学们乐在其中，学到许多在课本里学不到的本领。

　　书中二中1962届校友翁义谨提到1960年春天林懋义老师导演的话剧《三月三》。我们注意到，当时参加演出的不但有高一学生，竟然把初三毕业班的学生也用上了，哪里像现在，一到毕业班就成了特级保护的大熊猫，什么活动都不参加。二中1967届学生也有类似的经历，当年他们刚进入初中毕业班，也是这位林老师在他们中导演了话剧《王二小放牛郎》。几十年过去了，初三年读些什么都忘光了，《王二小放牛郎》的主题歌和"日本鬼子"的扮演者吴桦同学的精彩表演，大家却都还记忆犹新。吴桦校友现在是旅居北欧的作家，"八路军连长"的扮演者陈仲义校友，现在是大学教授。

厦门二中"不着急，慢慢来，顺其自然"那种近乎"与世无争"的办学风格能培养出什么样的学生？张乾二院士得出的结论是："培养出了不少杰出人才和许许多多从整体人格来看都具有良好素质的人"。

那年为了筹备110周年校庆，学校"不经意地"盘点了一下家底才惊异地发现，从这主要招收本岛孩子的中学里走出的中国科学院院士或学部委员竟然达6位之多，以前总以为鼓浪屿只出艺术家、文学家一类的杰出人才。

更值得注意的是这所学校培养出的那些没有成名成家的大多数，许许多多是"从整体人格来看都具有良好素质的人"。这是很难得的成就。因为对一所学校来说，"大多数"的状况更重要、更有说服力。

这个对厦门二中教育出来的"大多数"的评价表明，厦门二中办学的鼓浪屿格调，似乎更接近"基础教育就是要打好基础"的理念，走的是重素质、重"全面发展"、重"通才"培养而不急于出"专才"的路子，有一种"慢"的风格。

对于厦门二中这种鼓浪屿格调的办学风格，黄猷先生有精彩的评论。他说：

"顺其自然"——是提出目标，多方位引导学生自觉发展，殊途同归，不强求一律。在这方面英国传统的英华比美国传统的毓德宽松。

"慢"——是胸有成竹，能不受外力影响走自己的路。

"诚"——是从守法到自律，是老老实实做人。好的方面是能择善固执，不足是虽不随波逐流，但容易安分守己，开创性不足。

黄猷先生还指出，"鼓浪屿教育与学生还有积极参与社会服务（传统上称'社会救济'）的一面。'非以役人，乃役于人'，以至舍生取义。"

"舍生取义"的古训大家比较熟悉。而"非以役人，乃役于人"则出自《圣经》新约马可福音，意思是"人本来不是要受人的服侍，而是要服侍人"。

遗憾的是在急功近利的当今，社会对学校的评价标准仅仅看考进了几个北大、清华，并不关心培养出来的学生"人格素质"怎么样，不关心"大多数"的状况。

鼓浪屿的这个"从整体人格来看都具有良好素质的人"究竟是怎么个样子？要讲清楚恐怕不容易。粗浅看至少有这么两个突出的"鼓浪屿格调"："诚"和"淡"。

诚——诚实，真诚，理性。富有同情心，与人为善。追求真善美，不急功近利。英华、毓德两校的校训都推崇这个"诚"字，绝非偶然。

淡——淡定、低调。这更是"鼓浪屿格调"的超凡脱俗之处。

"淡"者，波澜不惊，以平常心静观天下，有如诗云："宠辱不惊，闲看庭前花开花落；去留无意，漫观天上云卷云舒"。不急不躁，喜欢顺其自然。"无意插柳"，与世无争。少一分刻意的修饰，而更多一些真诚和智慧，或者说有一种"不经意的优雅"。

我们想起诗人舒婷那一本写鼓浪屿人和事的散文集就取名《真水无香》，不也是一个"淡"字？看来对鼓浪屿格调的感觉是有共识的。

就说鼓浪屿人"多才多艺"这特点吧，艺术家多才多艺不用说了，我们要讲的是普通岛民。2009 年《厦门晚报》曾以"艺术家的气质 诗人的生活方式"为题为一位鼓浪屿的普通百姓立传，这位普通百姓是原厦门师范的高级讲师龚诗帧老师。龚老师教的是体育，但他小提琴、吉他、钢琴都玩得很好，而且还会用锯子当提琴拉，会编舞、编排团体操，而且对照相的暗房技术颇有研究。龚老师还是羽毛球的高手。"文革"期间世界羽毛球冠军汤仙虎到鼓浪屿探亲，龚老师"与世界冠军在鼓浪屿对打，一连数月引无数人围观"。

这一位路上擦肩而过你都不会多加留意的长者正是典型的鼓浪屿人，既"诚"又"淡"。这"十八般武艺"在他眼里不过是放松身心、陶冶情操的业余爱好，是自己生活的一部分，不卖弄，不咄咄逼人，谦虚，低调。这样的人鼓浪屿岛上绝不是仅龚老师一位。

如果以为多才多艺就是只会"玩"那就错了。健全人格的人应该有无私的大爱，应该有中国士大夫传统的"先天下之忧而忧，后天下之乐而乐"的社会责任感和现代知识分子科学与民主的诉求。

龚老师首先是一位尽职尽责的优秀教师，其次才是多才多艺的"玩家"。鼓浪屿岛上大家十分尊敬的廖永廉医生也是一位很有才干的"绅士"，不但是大提琴、网球的高手，还是摄影家协会会员，垂钓爱好者。不过他令人敬仰的是他高超的医术和崇高的医德，鼓浪屿很多家庭几代人有病就找"廖主任"，廖主任总是有求必应。廖医生是鼓浪屿医院的内科主任。

鼓浪屿的女儿林巧稚大夫更是这方面的典范。林巧稚大夫是北京协和医院第一位中国籍妇产科主任，是首届中国科学院唯一的女学部委员，是中国妇产科学的主要开拓者之一。她一生亲自接生了5万多个婴儿，接治了无数女病人，把自己的一生无私地奉献给妇幼保健事业。她从幼稚园一直到中学都在鼓浪屿读书，先是启蒙于怀德幼稚园，再进怀仁女校，再从厦门女子师范毕业，接受的是典型的鼓浪屿教育。毕业后报考北京协和医院。

一件小事很能体现这位鼓浪屿女儿的"鼓浪屿格调"。协和医院的考试是1921年夏天在上海举行。考场闷热，她身边一位女同学突然晕倒。林巧稚毫不犹豫放下没答完的卷子，帮着把那位女同学送往医院。主考从这件事发现这位个头不大的林巧稚，不但英语特棒，而且具有舍己救人的精神和临危不惧的素质，这正是一个医生应该具备的职业道德和素质，便破格录取了没有做完考卷的她。

鼓浪屿更有"铁肩担道义"，舍生取义的大爱者：

孙中山先生领导的旧民主主义革命时期，英华书院就曾是闽南同盟会骨干早期秘密聚会策划革命的地方。

1911年同盟会领导的广州黄花岗起义，购运枪支弹药并加入"敢死队"攻打两广总督府的，有一位厦门籍勇士叫李维修，从他大革命时期填写的一份履历表看，在"学历"栏里清楚地写着"鼓浪屿澄碧书院毕业"。鼓浪屿澄碧书院是英国伦敦公会办的一所中学，1907年并入浔源书院。历史上，这位李维修还是"文明戏"的先驱者，不但台上"文明戏"演得好，还写过好多剧本，宣传自由、平等、革命，多才多艺。

1914年中华革命党福建支部在鼓浪屿成立，支部长叶青眼是英华的教师，支部中有寻源中学和英华中学的学生。

1915年中华革命党在厦门策划反对袁世凯的起义，负责为起义制造炸弹的是鼓浪屿迴澜书院和英华中学的4位学生，为首的是迴澜书院的学生周骏烈，他们运用了老师教给的西方科学知识。

抗日战争时期，走上抗日战场或者用各种方式支持世界反法西斯斗争的鼓浪屿师生不在少数。这些文质彬彬的鼓浪屿"绅士""淑女"们，民族危难时刻临危不惧，奋不顾身精忠报国。

新民主主义革命时期，不论是国共合作反帝反封建的大革命，还是解放战争厦门的进步学生运动，英华的师生在厦门中学当中是比较活跃的。据英华1949届王绥校友统计，解放战争时期先后来英华任教的进步教师有20多人，其中地下党员17人。学生中有地下党员24人。

在这些事关民族气节、社会正义的大是大非问题上，"鼓浪屿格调"的与众不同更是表现得淋漓尽致：他们的爱国，他们对社会正义和进步的追求，更多是建立在理性上，更多是建立在承担社会道义的自觉上，而不仅仅是"苦大仇深"，不仅仅是穷得活不下去，要知道他们中的不少人家境很好。平时"与世无争"的鼓浪屿"乖学生"们，关键时刻却义无反顾地站出来为真理而斗争，这无私无畏的""绅士风度"和"士大夫精神"令人肃然起敬。

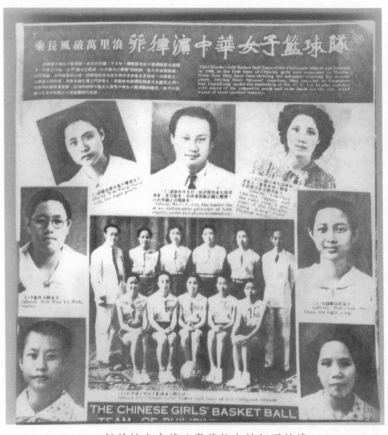

毓德校友在菲义赛募款支持祖国抗战

# 第四章

## 甄陶化育呈邹鲁
### ——鼓浪屿的社会教育

鼓浪屿历史上的学校教育，其普及面之广、基础之雄厚，在全国可能是少有的。然而，学校教育并不等于教育的全部。我国著名教育家陶行知先生曾说过"社会即学校，生活即教育"，社会和生活中有着丰富的教育资源，社会环境对人的成长和发展亦有着极大的影响。作为与学校教育并行的社会教育，对鼓浪屿优良的社会风气与公民素质之形成，有着不可忽视的作用。

本书所说的社会教育是包括了这么几块教育：

非学历教育——如扫盲，文化补习（包括请家庭教师），职业技能培训，特长素质拓展（如学琴、学画、学武术等）等。

社会公共教育——如图书馆、博物馆、文化馆、科技馆、影剧院、青少年教育基地，以及公共媒体所提供的教育。

社会隐性教育——自然环境、社会环境和规范环境所产生的潜移默化。这里的"规范环境"是社会学的说法，指的是人们所处的民族、阶级、语言文字、伦理道德、文学艺术和科技、社会风气习俗、宗教信仰等人文软环境。

家庭教育——家庭教育是人一生接受的最早的启蒙教育，主要通过父母长辈的言传身教获得。最大的特点是"生活即教育"。

家庭教育本可独立归类，家庭是组成社会的单元，这里我们把它放入"社会教育"。

教育作为培养人的一种社会活动，总是与社会政治、经济、文化的发展密切相关，社会教育更是如此。百多年来，鼓浪屿从半渔半农的乡村社会走到今日的现代化城市社会，鼓浪屿的社会教育随着社会的演进经历了从解放前"民间自发"阶段，到解放后"政府行为"阶段，正向"社会自觉"阶段不断进步。

# 第一节　解放前鼓浪屿民间自发的社会教育

鼓浪屿早期的社会教育，是自发的，民间的，分散的，比如各个家庭的家教，比如非学历教育和公共教育的种种民间机构。社会的隐性教育更是呈无组织的自然状态，关于这方面，文学家林语堂在他的回忆中有生动的描述。让我们从他细致的回忆中看一看 20 世纪初鼓浪屿的风土人情对孩子们是如何潜移默化的。

## 一、上世纪初，一个男孩心目中鼓浪屿风土人情对他的教化

林语堂先生几次在回忆中提到鼓浪屿教会学校对他的"清教徒教育"时总是愤愤不平，因为教会学校禁止学生接触中国的民间戏曲，逼得"我们这些男孩经过鼓浪屿广场上一个戏台时"，不能"直向舞台观看"，但越是禁止越是引发孩子的好奇心，忍不住，怎么办？只好放慢脚步一步一回头地"边走边看"。林语堂说，"舞台是教育中国人（包括文盲和非文盲）知道他们的历史的普通媒介"，不让中国小孩看中国戏，"我被骗去了民族遗产"。从这件事也可见当时民间"社戏"在传承中华文化中起着多么重要的作用。

兴贤宫对面的戏台

　　林语堂先生所说的鼓浪屿上那有一个戏台的广场，就是在现在鼓浪屿人民体育场大门外，一个以我国著名的体育教育家、鼓浪屿人"马约翰"命名的广场的位置上，从林语堂读书的东山顶寻源书院下个坡就到，离他未来的丈母娘家"廖宅"也不远。当时那个地方有一座鼓浪屿人叫"大宫"（即兴贤宫）的祠庙，祭祀大道公吴真人。祠庙对面有个戏台，祠庙和戏台中间就是林语堂提到的那个"广场"。每逢祭祀的日子，这大榕树下的小广场放上供桌，摆满祭祀用的牺牲果品。最让孩子们难忘的是"乞龟"活动特制的大米龟，以及戏台上要连演几天的古装戏，很是热闹。和鲁迅先生曾描写过的江南农村的"社戏"一样，这是最典型的闽南戏剧生态环境，中国戏剧本来就是植根在宗教民俗的土壤中的。现在祠庙和戏台已经被拆掉了。

　　让林语堂这位从山沟里出来的"内地仔"与西洋生活初次接触的也是鼓浪屿。林语堂先生说，鼓浪屿的外国人有三类："传教士，身着清洁无瑕、洗熨干净的白衣；醉酒的水手，在鼓浪屿随街狂歌乱叫，常令我们起大恐慌；其三则为外国的商人，头戴白通帽，身坐四人轿，可随意足踢或拳打我们赤脚的顽童"。可见当时的殖民者多数趾高气扬，并不怎么"绅士"，对此林语堂先生说："我们人人对于外国人都心存畏惧"。

不过年轻的林语堂倒是对西洋音乐着了迷，一是缘于他的美国校长夫人，她是一位端庄淑雅的英国女士，她说话的温柔悦耳抑扬顿挫，和音乐一样美妙。女传教士们的女高音合唱，也让这位正当青春期的中国男生毕生难忘。二是外国的军乐队。鼓浪屿人称"番仔球埔"的运动场（即现在的人民体育场），"场内绿草如茵，其美为我们所从未看过的。每有战舰入口，其铜乐队即被邀在此场中演奏"，铜乐队的演奏雄壮悦耳，吸引这位"街上顽童"驻足，从围墙的穴隙窥看聆听。从围墙外还可以窥看到外国人在场内踢足球，打网球，喝茶和吃冰淇淋，大开眼界。

让这位寻源书院学生瞠目结舌的是一次在洋人俱乐部窗外偷看舞会的经历。在男女授受不亲的年代里，看着洋人俱乐部里面男男女女穿着晚礼服，在大庭广众之中互相拥抱起舞，怎能不脸红心跳，"其丑态怪状对于我的影响是可骇可怕之极"。不久之后外国电影也引进来了，电影里西方男男女女开放的举止，又一次引起轰动。在中国人眼里，洋人的这些"惊骇怪异"的举动，简直是"行若生番"。

少年的林语堂在鼓浪屿还有一次难忘的经历，那是1905年美国海军访厦，作为教会学校的学生被组织去观看。开进厦门港操演的美国战舰和它的军乐队，令这位中国小孩惊叹，刺激了他向西方学习的愿望。

林语堂先生的这些回忆里，如实记载了少年时代的他在鼓浪屿的所见、所闻、所感、所思，半封建半殖民地的租界文化在孩子们当中产生的"隐性教育"跃然纸上。不过，鼓浪屿人也不都是可以任人随意拳打脚踢的小孩和奴才，鼓浪屿人有"崇洋"的一面，但并不"媚外"，趾高气扬的殖民主义者也有碰钉子的时候。

1925 年冬天，年关将至。在鼓浪屿图书馆工作的 19 岁的鼓浪屿青年学生叶清泉，夹着一块布要到龙头街的裁缝店去做衣服。路经"番仔墓口"电灯公司门口的斜坡时，肩背猛挨了一杖，回头一看，打人的是鼓浪屿电灯公司的经理兼工程师英国人韦士！这个韦士是个骄横跋扈的家伙，从不把中国人当人看待，平日出门手里总是拿着一根手杖左右挥舞驱开路人，退避不及者必遭痛打。

叶清泉虽然是戴着深度近视眼镜的文弱书生，但却是大革命时代唤醒的觉悟青年，今天与这个傲慢的殖民主义者狭路相逢，而且又遇其故伎重演，是可忍孰不可忍！叶奋起反抗，举拳还击。从未碰到中国人反抗的韦士挨了一拳后老羞成怒，一边叫嚷着"决斗！决斗!One by one!"一边又不"费厄泼赖"(即 fair play，意指"光明正大地比赛，不用不正当的手段"。英国人认为这是每一个绅士应有的涵养和品德)，继续挥舞手杖对手无寸铁的中国学生猛打，叶被打得鲜血直流。面对这个高头大马蛮横的殖民主义者，叶清泉不再"费厄"了，对抗强大的恶势力，鲁迅先生就主张"费厄泼赖应该缓行"。眼镜被打落在地，深度近视的叶就冲过去与之扭打起来，要和他拼命了。租界的巡捕赶来，把叶清泉捕解工部局。

这个侮辱中国人又"贼比人更凶"的事件激起鼓浪屿人的公愤，几百人围住工部局要求放人。接着引发了全厦门的反帝风潮，厦门工运领袖罗扬才、学生领袖杨世宁领导了这场斗争，全体洋务工人（轿夫、厨子、保姆、洋行职员以及杂役等）总罢工，鼓浪屿人拒绝用电，全市商店也纷纷响应，拒卖东西给洋人。肇事者韦士日子更难过，成了过街老鼠，出门人人喊打。最后是英国领事许立德出面收拾残局，责令韦士离境，鼓浪屿电灯公司不久也结束了洋人的垄断。在鼓浪屿，觉醒的中国人教训不可一世的殖民主义者不止一回。

## 二、传教士的社会教育：扫盲传教，社会文体活动

传教，不论是基督教、天主教、伊斯兰教或者是佛教、道教，在社会学看来，本身就是一种社会教育活动，一种传播宗教信仰、宗教规范、宗教价值观的教育行为。

鼓浪屿最早比较具现代性、影响比较大的社会教育应追溯到19世纪中后期，西方传教士上岛传播基督教。

在这之前，鼓浪屿岛上不是没有宗教，不是没有传教的社会教育活动。其实岛上道教、佛教以及民间俗神齐全，不过由于佛经和道教典籍太高深莫测，太专业了，非一般信众可读懂理解，缺乏通俗化、现代化的演绎加工。弘法的手段也遵古陈旧，缺乏面向不同年龄、不同层面信众的针对性和实效性。也就是说，缺乏改革创新，缺乏现代教育的元素，所以形成两极分化的格局：

一极是上层精英的"理论研讨"和小圈子的修持，比如弘

鼓浪屿的女信徒

一、太虚、圆瑛等佛教大师来鼓浪屿的几次讲经弘法，比如鼓浪屿"了闲别墅"文人雅士们的闻道听法和求征"阡语"、诗词唱酬。曲高和寡，效果有限。另一极是芸芸众生的佛道同室、俗神共处、祈福消灾施善的"烧香拜拜"和民俗宗教仪式，虽热闹但却俗气，功利指向太强而削弱了哲学和道德修养的内涵。这些都影响了本土宗教的传播，影响了教育效果。

而基督教传教先驱们却是用现代教育的思想来办教，设计就颇科学：基督教要进入中国家庭，必须先从妇女信教入手。而要扫"基督教盲"就得先扫"文盲"，让她们能读懂《圣经》，直接与上帝对话。和基督教相比，佛教及其他民间信仰在这方面要逊色多了，尽管它们在岛上土生土长要比基督教早几百年。这一点上，同是西方宗教，更先踏上鼓浪屿这个岛屿的天主教也不如基督教的同行们精明。

尽管本土宗教的社会教育对鼓浪屿岛民中非基督徒的生活和教养也起过作用，特别是抗战时期日光岩寺的"念佛会"，提倡念佛救国的活动很盛行，成为一部分岛上居民和难民的精神寄托，但历史上对鼓浪屿的影响不如基督教。当19世纪中后期基督教登上这个小岛之后，本地宗教的"土拳"便抵挡不住"外来品种的入侵"。

登上鼓浪屿的基督教传教士依托礼拜堂办起了具有学塾性质的"读经班"、"圣经识字班"，把识"字"和读经融为一体，教育与宗教结合，采用厦门白话字拼写的《圣经诗歌》等宗教书籍为课本，教一些不识字的妇女学厦门白话字和读经。1871年，美国归正教会打马字牧师夫人在鼓浪屿的协和礼拜堂组织的那个"圣经识字班"，就是这种性质的识字班。

传教士们办班的初衷是为了培养女基督教徒，但无形中起到了扫盲的作用，许多贫穷人家的子女借着这种学习，能够看书、写字、读《圣经》了。这些识字班后来逐渐发展成为规范的学校，如田尾女学、乌埭女学、福音小学等学校的前身，都是以这么一种识字班的形式出现。在当时岛上还未出现正规学校时，这种识字班作为一种社会教育的机构，与当时岛上旧式私塾一起填补着教育的空白。

基督教争取民众认可、扩大教会势力的途径，除了办"识字读经班"外，还有另一个很成功的社会教育形式，就是依托"基督教青年会"，组织丰富多彩的社会文体活动。这种组织文体活动的社会教育，既为教会注入青春活力，又让教会的影响冲击教会外的社会，客观上也推动了现代文明在全社会的普及。

比如游泳这项运动，在鼓浪屿这海岛上游泳本来比较普及，但无论是泳姿还是训练法皆系"土法上马"，不科学不规范水平难提高。洋人在鼓浪屿的海面打起自由泳的水花，让鼓浪屿人的眼界大开，年青人竞相仿效。上世纪初，"基督教青年会"率先组织起大规模的"横渡厦鼓海峡"和"环鼓浪屿"游泳比赛，掀起了现代游泳运动的热潮，而且成为厦门群众体育运动的"保留节目"延续下来。1931年"基督教青年会"还在鼓浪屿田尾举办厦门市第一届游泳比赛。这些赛事按国际规定分自由泳、蛙泳、仰泳和不同性别、年龄组，采用规范的竞赛规则，大大促进了民间游泳运动科学化、规范化，大大提高了鼓浪屿人的游泳水平。和足球一样，游泳也成为鼓浪屿民间最普及、最有生命力、群星灿烂的群众体育运动。

## 三、拉丁化的厦门"白话字"，在普及近代文明中功不可没

西方传教士们曾采用"白话字"的教材扫盲传教，这"白话字"是怎么回事？这里涉及厦门文化史上值得一提的一件事：厦门方言的拉丁化。

西方传教士刚到厦门，厦门乃至整个闽南的民间通行的是

"闽南白话"。"白话"者，方言口语也，也就是本地土话。

闽南方言形成于西晋至唐朝末，她与中原汉人三次大规模南迁入闽有关。

甘为霖编厦门音新字典 1913 年初版 1924 再版

第一次是西晋永嘉之乱，北方大批百姓南迁，他们带来了三四世纪河南中州一带的汉语；第二次是唐朝初期，陈政、陈元光入闽戍守闽南，很多从戍官兵在漳泉各地安家，他们带来了7世纪河南中州的汉语；第三次是唐末五代，王潮、王审知兄弟率河南光州军民入闽割据一方，带来了八九世纪河南一带的汉语。在当代的闽南话中，保存有大量的中原古音。一些古汉语的常用词汇，在当代的闽南方言中仍然在沿用。例如："他"叫"伊"，"书"叫"册"，"屋"叫"厝"，"锅"叫"鼎"，"泥"叫"涂"，"粥"叫"糜"，"夜晚"叫"冥"，"瞎子"叫"青盲"，等等。古诗如果用闽南话吟诵，更是韵味十足。所以，闽南话被语言学家们称为中原古汉语的"活化石"。

闽南话虽说是中原古汉语的"活化石"，但与现代北方汉语相差甚远，比如闽南人讲"人来了"，北方人肯定会听成是"狼来了"。中国人尚且如此，更不用说洋鬼子了。为了使后来的洋教士们尽快学会厦门话，便于能顺利地在以讲厦门话的文盲为主的社会里传播福音，以打马字牧师为主的几位首批登陆鼓浪屿的西方传教士们，从 1850 年起就着手研究和创造了"厦门罗马字"，并于 1893 年出版了《厦门音的字典》。所谓厦门"白话字"

也就是"厦门罗马字",即采用罗马字母稍加变更,新造出23个字母,用这23个"罗马字母"(即厦门话的"拼音字母")来拼读厦门土话,把厦门方言"拉丁化"了。

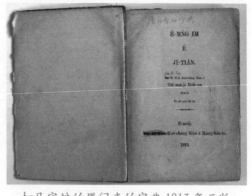

打马字编的厦门音的字典1913年三版

　　厦门方言一"拉丁化",效果立竿见影。比起传统的象形方块字,厦门白话字学起来容易得多,文盲们快则一星期,慢则个把月就能掌握,就能看得懂用拉丁化厦门话编成的书籍了。目不识丁的老妇人学了个把月的"罗马字",读起《圣经》来竟朗朗上口,不但识"天书",还学会写信、记账什么的,令读了一辈子四书五经的封建士大夫们汗颜,刮目相看。这拉丁化的厦门白话字不但立即风行闽南,也备受台湾和南洋华侨基督徒的欢迎和采用,成为在大众中传播基督教和普及近代文明的有效工具。

　　这拉丁化的厦门白话字还使一位鼓浪屿人得到启发,全心投入到汉语拼音化的文字改革研究中去。这位鼓浪屿人就是后来被人们称为"中国文字改革先行者"的卢戆章,他在鼓浪屿潜心研究,1892年创造出"中国第一快切音新字母"。他一生撰写的汉语拼音专著有七八部之多,推出了官话(即普通话)、福州、泉州、漳州、厦门、广东等六种切音字方案,第一个提出了"国语"的概念和"认北京官话为通行国语"的主张,也不遗余力地到处宣传推广他的"切音新字",近四十年苦心孤诣,百折不挠,孜孜以求,为中国的汉字拼音化改革作出了巨大的贡献。1928年在鼓浪屿去世,葬于鼓浪屿鸡山之麓。

厦门方言拉丁化的作用还远远不止于此。闽南话按口音可分泉州腔、漳州腔和厦门腔。泉州和漳州地方比厦门大，人口比厦门多，历史比厦门长，让人不得其解的是，为什么最后反而将使用人口最少的"厦门音"定位为闽南话的标准？"厦门腔"融合了泉、漳腔，成为厦、漳、泉三地都能接受的闽南话是个重要因素，但是不是和这也有点关系：闽南话是最先在厦门被拉丁化的，而且是用"厦门音"编成最早的闽南字典，用厦门白话字在闽南民间传播基督教和西方近代文明，就因这个缘故奠定了厦门方言在闽南话中的地位。

## 四、非学历教育的补习班和夜校，大众的教育需求

解放前鼓浪屿还出现过一些补习班、夜校之类的社会非学历教育机构。这些民间教育机构大体可分两类，一类是补就业、择业所需之技能，一类是补基础文化之不足。

第一类的补习由于只满足特殊需求的人群，每个班的人数不多，施教时间基本上是夜间或周末等工余时间，而且教学门类杂，有珠算、英文、美术工艺等课程。如卢文启先生在鼓浪屿德兴路 12 号设立的补习班，就是为特殊需求的人群而创办的，在当时名气很大，教学科目有国语、尺牍等课程。如塾师陈兆英于1946 年 4 月在鼓浪屿泉州路 73 号设立的商余补习班，其教学科目有珠算、尺牍等，为一些商店学徒教习写信、记账等知识。厦门图书馆馆长余超的夫人严氏，在四枞松开办以补习英文为主兼有中、日文的"严氏补习班"，这个补习班一直办到抗战胜利后才结束。此外，还有专门补习数学的洪德胜补习班，亦为外国人教授闽南话。甚至有洋人开办补习班，如厦门大学教文学的外籍教师路德，也在鼓浪屿办班补习外语。在"严氏"和路德那里补习外语的，也有一些是想强化外语的在校学生。

第二类的补习由于是基础文化的补习，受众面广，很得上不

英华民众夜校教职员

起正规学校的劳苦大众的欢迎。例如1947年初，英华中学学生自治会在中共地下党倡导下，办起了"英华民众夜校"。夜校设高小班、初小班和启蒙班，学生主要是学校附近的工人、小贩和失学青少年，不分性别年龄，免交学杂费，只要自愿报名即可入学。夜校的负责人和教员都由英华的高中学生担任，除了普及文化知识外，还传播民主、进步思想，很受欢迎，两年时间发展到7个班300多人。

　　这种由中学学生会办的文化补习学校，在更早的30年代鼓浪屿岛上也出现过。鼓浪屿慈勤女中学生会曾于1937年筹设妇女识字学校，服务对象是"妇女"这一弱势群体。教员由女中的同学自由报名担任，学生概不收费，并供给书籍与讲义。

抗战期间，鼓浪屿的补习教育达到一个高潮。

1938 年 5 月 13 日，厦门沦入日寇手中。数万计的市内民众，乘小船渡海往鼓浪屿避难，投亲靠友的投亲靠友，在鼓浪屿没有亲友好投靠的，起先都在停课腾出教室、走廊收容难民的学校、教堂住宿。当时英华、毓德都住了两三千人，各小学也都停课成了临时收容所。学校复课后，难民们都挤宿在由鼓浪屿中外人士组成的"国际救济会"所设立的难民收容所内。

由于人口的急剧增加，鼓浪屿所有的学校和幼儿园都拥挤不堪，仍有大批在学学生无处念书，终日流浪街头，使家长们担忧。在这种情况下，各种补习班应运而生。当时鼓浪屿曾出现一所专门为逃到鼓浪屿的难民子女提供文化补习的"难童义务学校"，颇有点名气。

难民所中有一位原厦门"全民小学"的女教师钟慧贞，为使难童不致失学，热心发动她以前教过的学生窦丽贞、施于治等人，招集数十个难童，假福民小学附近的树下，为难童补习功课。这几位弱女子出于爱国义愤和责任心自发办的"树下补习班"，受到家长们和社会的赞扬。我们了解到，其中的窦丽贞以及后来同在"难童学校"教书的蒋淑勤还是令日寇和汉奸闻风丧胆的"厦门青年复土血魂团"民间组织的骨干，她俩在"血魂团"里负责刻蜡版、油印传单。

后来学生人数越来越多，"树下补习班"难以应付。鼓浪屿的国际救济会知道这一情况后，就在鼓浪屿龙头的空地上临时搭盖起一座竹席棚作为校舍，钉长条木板作课桌椅，因陋就简开办了一所简易的"难童学校"，为这些因战祸而失学的学童提供受教育的机会。

后来，在难民营里的学龄儿童增至三四千人，简易的竹席棚也容纳不下了，国际救济会与岛上各学校磋商，组织了"难童义务学校"，解决难童就学成了鼓浪屿各校应尽的义务，鼓浪屿人人有责的义务。

一部分难童被分派到各校，各学校也安排师生到难童学校当义工。英华、毓德、怀仁安排高年级学生给难童上课及管理班级（毓德安排在上午，英华、怀仁安排在下午），普育小学则由该校教师放学后到校管理难童班级。

原来的"竹席棚学校"被分散安置到八卦楼地下室、美华学校地下室和鼓浪屿 Hok Bin 工业学校的大厅，由难民中有教学经验的教师授课。"Hok Bin"者，闽南话"福民"也。我们想这学校应是"福民职业学校"，即"闽南职业学校"了。该校当时因厦门沦陷停办，刚好有空校舍安置难童读书。

在大家的齐心协力下，鼓浪屿的这所"难童义务学校"办了近三年的时间，解决了学龄难童中 2000 多人的教育，直到 1941 年太平洋战争爆发鼓浪屿沦陷，才因日寇的入侵解散。民间的社会教育在国难时发挥了重要作用。

## 五、传播民主革命思想的阅书报所和图书馆

鼓浪屿岛上还出现过厦门近代最早的社会公共教育机构，那是以"启迪民智"为宗旨的公共"阅书报所"。

1899 年一些有识之士在岛上河仔墘（今泉州路）设立了阅报所。他们以书刊资料为工具，以教育民众、传布资讯、充实文化、倡导休闲为目的，为民众提供均等求知的机会，实践着"有教无类"的古训。

1908 年，又有厦门的同盟会党人在大河墘（今龙头路）创办鼓浪屿阅报所和闽南阅报社。阅报社利用进步书籍宣传民主思想，秘密开展反清革命活动，也得到群众的支持。不少群众自动将自己阅过的报纸、杂志赠给该社，让更多人阅读。这一阅报所为辛亥革命厦门光复发挥了宣传、团结群众的作用。

1924 年 3 月，奉国共合作的"国民党一大"命返厦组织反

帝反封建斗争的老同盟会员许卓然，为了宣传民主革命思想和秘密发展组织，在鼓浪屿福建路蓝田旅馆旧址（现市第一医院鼓浪屿分部隔邻）又设了一个书报阅览室，不久，改称私立鼓浪屿图书馆。创设初期藏书 5000 余册，报刊五六十份供人阅览，由于所藏进步书刊较多，吸引来许多读者。这就是 1928 年正式开放的鼓浪屿第一家公共图书馆"中山图书馆"的前身。

　　鼓浪屿的这些公共教育从简易的阅书报所到正规的公共图书馆，不但办得早，而且尽管是民办私立，自成立起就一直保持服务大众的非营利的"公共"特色，为科学、民主，为革命鼓与呼。

　　熟悉鼓浪屿历史的黄猷老前辈，高度评价进步书刊对鼓浪屿人思想解放的历史性作用。

鼓浪屿中山图书馆旧址（厦图供）

　　黄老认为，辛亥革命时期鼓浪屿虽然有同盟会的据点和活动，但主要是谋划推翻清王朝，"革命没有接触到反帝问题"；而"'五四'矛头针对日本"；"新文化运动初期集中于反对旧礼教，西方文明不是冲击对象，鼓浪屿在男女平等、平民教育等方面反而已经走在前头"。所以，鼓浪屿在百年来几次重大政治浪潮中所受的冲击不大，显得有点

"世外桃源",和这有很大关系。

而对鼓浪屿人的思想真正产生重大影响的是,"北京、上海进步刊物所传播的自由民主思想与风起云涌的各种学术思潮,使鼓浪屿的知识界和青年学生大开眼界,启发了他们对现代人文科学和自然科学的求知欲;同时也就突破了基督教教义与教会的思想禁锢,鼓浪屿这才真正进入一个思想自由的年代,从个别出'天才'到多方面出人才"。

## 六、报纸,进家入户的社会公共教育

众多的报刊媒体也为鼓浪屿民众提供了多彩的公共教育资源。厦门是"五口通商"的口岸之一,鼓浪屿又集中了众多的外国领事馆和侨眷,岛上邮政业务十分繁忙,使鼓浪屿在世界出了名。据说当年不论在世界的哪个角落,只要写上"鼓浪屿"三个字,信件就能准确邮递到位,可见当年鼓浪屿之"牛"。便利的邮政使外地出版的许多报刊在鼓浪屿都方便订阅,鼓浪屿岛上也有自己的新闻报纸出版。

鼓浪屿最早出版的报纸是1888年美国归正教会传教士打马字创办的《漳泉圣会报》,这是厦门最早的教会刊物之一。创刊于1902年4月、在厦门有较大影响的报纸《鹭江报》,也曾在鼓浪屿鹿耳礁扎营,它是由外国传教士山雅各创办的报纸。以后,教会在鼓浪屿办的新闻出版业还有"闽南圣教书局"及其主办的《厦门教会报》、厦门基督教青年会主办的《闽南圣会报》和福民小学办的《道南报》。这些教会办的报纸和出版机构,在传教布道传播福音的同时,也满足了人们对社会信息的需求,还成为白话字推广和传统文化转型的催化剂,厦门乃至整个闽南地区都受到它们的影响。

除了教会办的报纸外,侨办报纸也在鼓浪屿上出现。1916年,菲律宾华侨林翰仙与闽南革命党人许卓然为宣传革命、唤起民众，在厦门合作创办了《民钟报》。1917 年，社址由厦门局口街迁到鼓浪屿和记崎林家园（现编福州路 118 号）。这份内容充实又敢于抨击时弊的报纸很受海内外读者欢迎，曾经是读者公认的厦门第一流报纸，对当时的社会产生过较大的影响。但该报因言论触怒北洋军阀和国民党当局，从创刊至停刊，曾三次被鼓浪屿工部局标封，最终于 1930 年 9 月 8 日结束其坎坷而光荣的历程。其创办者许卓然先生还是厦门另两家大报《声应报》和《江声报》的创办人，他就住在鼓浪屿。

鲁迅先生当年在厦门大学任教时，曾指导学生们组织了一个名为"鼓浪社"的文学社团，这学生文学社团就在鼓浪屿的《民钟报》上开辟了《鼓浪》周刊。以"鼓浪"命名，蕴含有"鼓起时代浪潮"之意，也蕴含着和鼓浪屿的缘分。鲁迅先生亲自为周刊审稿、改稿。《鼓浪》周刊深受读者欢迎，也培养了一批新文学人才。

因为林语堂的关系，鲁迅先生与《民钟报》有了接触。鲁迅1927 年的一则日记写道："一月八日，阴。下午往鼓浪屿民钟报馆晤李硕果、陈昌标及其他社员三四人，少顷语堂、矛尘、顾颉刚、陈万里俱至，同至洞天夜饭。夜大风，乘舟归。雨。"就是在这次会晤中，鲁迅先生与报社定下了他在厦门大学指导学生创办的《鼓浪》周刊附在《民钟报》刊出一事。会晤后，报社在鼓浪屿洞天酒楼宴请鲁迅、林语堂一行。

据李硕果老先生回忆，那天席上开了两支福建"五加皮"酒，点几道闽南风味的菜，有五香鸡卷、海蛎煎、封猪脚、炒面线、韭菜盒等，最后一道甜品是"土豆仁汤"。鲁迅边吃边赞好味道，众人皆尽醉而归。散席后遇风雨，《民钟报》李硕果先生打着伞送鲁迅先生到鼓浪屿码头，鲁迅先生乘小船从鼓浪屿直接回厦门大学。这是鲁迅先生与鼓浪屿缘分的一段小插曲。

我国著名作家巴金也与鼓浪屿的《民钟报》有缘，他于

1929 年冬天介绍作家王鲁彦到《民钟报》当副刊编辑。1930 年秋巴金先生首次来厦，住在鼓浪屿"厦门酒店"三楼临海的房间。第二天在鲁彦的陪同下漫游了美丽的鼓浪屿。那曲折迷人的小街，色彩斑驳的楼房，参天嶙峋的石壁，鲜绿粗大的榕树，给巴金留下的"印象是新奇的"，"在这花与树、海水与阳光的土地上，我做了两小时的南国的梦"。

当代不少名人大家在鼓浪屿的报纸上耕耘过，怪不得鼓浪屿的报纸"庙小神灵大"。报刊杂志是鼓浪屿进家入户影响广泛的公共教育资源。

## 七、当别人还在点油灯，鼓浪屿已在放电影

在 20 世纪 20 年代初，中国很多地方的照明还在用油灯，鼓浪屿已经有电灯，有电灯公司，而且还出现了影剧院。

先是外国人在鼓浪屿自己的俱乐部里放能活动的"影戏"，引起过轰动。厦门人第一部电影机和影片则是于 1918 年由厦门市青年会主持人王宗仁从国外带回的。

随着厦门商埠的不断开发和国产影片的问世，电影逐渐受到厦门人的欢迎。1923 年，上海商务印书馆活动影戏部摄制的《爱国伞》等影片在厦门公映。影片商人先是借鼓浪屿普育学校教室，后来干脆在鼓浪屿中华路旷地搭盖杉棚，做临时场地放起电影来。电影第一次作为公共媒体在鼓浪屿与公众见面，立刻为观众喜闻乐见。据说这是厦门电影业的发轫。

许多商人看到电影业大有可为，开始在鼓浪屿投资兴建戏院。1926 年，蔡姓经营人（绰号"老鼠丁"）在鼓浪屿草埔路建起鹭江戏院，以放映国产影片为主，兼演京戏。1928 年，缅甸华侨王其华仿新加坡建筑在鼓浪屿海坛路 15 号建起一座戏院，楼下作为菜市场，出租给别人卖菜，楼上为戏院，自己经营，名"延平戏院"，以放映外国影片为主。1928 年至 1929 年间，在鼓

浪屿海坛路市场口又有人办起屿光戏院，以放映电影为主。

当时，影片未经翻译，票价较高，除了外国人和高级职员外，观众不多，业务不振，戏院收入常不够支出。因此，鹭江戏院于1937年停业，屿光戏院和延平戏院则于1942年停业。抗战胜利后，"和乐影业公司"租用原延平戏院，改名"鼓浪屿戏院"，以放映电影为主。

一直到现在，鼓浪屿80岁以上的老人仍然把"电影院"叫成"戏院"，看来与当时在里面电影、人戏兼演有关。在他们眼里歌仔、高甲是戏，电影也是戏，用闽南话把电影叫做"影戏"。据史料载，上世纪20年代鼓浪屿已经有人办起"金星影片营业公司"，专门出租影片供各戏院放映。

这些"戏院"在当时鼓浪屿日渐形成的商业化社会中，传播了文明，满足了人们的精神需求，发挥了一定的社会教育功能。

## 八、"讲古"：民间的口传文学课堂

和电影这洋玩意儿相比，"讲古"就更具草根性，更属于下里巴人的社会教育了。

"讲古"，北方称"说书"。清道光年间的《厦门志》是这样记载厦门的"讲古"的："……有说平话者，绿荫树下，古佛寺前，称说汉、唐以来遗事。众人环听，敛钱为馈，可使愚顽不识字者为兴感之用。"

鼓浪屿最著名的讲古场所是在龙头一个叫"芦竹子脚"的地方。这地方早不见什么芦竹子了，而是一片平房。据那里的老人说，上世纪40年代，这"讲古场"就设在这片平房的一条与龙头菜市场相通的小巷里。

一个很简易的搭盖下放几张摆着茶具的小桌子，听众三五成群围坐在小桌旁，一边品着浓得像酱油一样的厦门茶，就着几样简单的茶配，一边津津有味地听"讲古"。看来这个讲古场是兼营着"茶桌子"了，厦门人把简易的茶馆叫做"茶桌子"。"讲古仙"手握一本翻烂了的书，或者摇着一把芭蕉扇，泯口茶，便用闽南方言绘声绘色地讲起"古"来。讲着讲着正入高潮时突然停止，收钱！听一回讲古要付两个铜板。

这"古"通常是我国历史上的章回小说，"讲古仙"时不时即兴穿插一些闽南谚语、典故、趣话、歌谣，方言词汇丰富多彩，加上生动有趣的面部表情和夸张的手势，引人入胜。听讲的多是路头工、轿夫、泥水匠、店员学徒和无业百姓，也吸引来不少好奇的孩子们。和民间戏曲一样，"讲古"成为劳苦大众喜闻乐见的"口传文学"，成为他们吸取民族历史和文学营养，传承中华文明道德的重要"课堂"。

"文革"期间，就因为讲的是"古"，"讲古"这民间的文学课堂自然成为"四旧"被破除，鼓浪屿延续近百年"到芦竹子脚听讲古"的民间社会教育终成历史。从此，"芦竹子脚"彻底成为"公厕"的代称留在鼓浪屿人的记忆中——那个地方有个老鼓浪屿十分熟悉的公厕，在家里鲜有"私厕"、还普遍用马桶的时代，公厕可是家喻户晓、不可或缺、稀有的"公共设施"呢。

## 九、"大刀向鬼子们的头上砍去"

讲到民间的社会教育机构，老鼓浪屿人忘不了几位拳师：孙震寰、黄进步……以及他们授徒习武的武术社。这些习武社群不只是强身健体的民间体育组织，更是民间的社会教育组织，使中华民族特有的"武林文化"得以在民间代代相传，为鼓浪屿教育文化增添了中华阳刚之气。听老人们说，鼓浪屿的武术活动也是多元的，也曾进入学校。当年英华中学沈省愚校长就办过一个武术班，每天早晨五点练武。参加的有英华中学的师生，连工部局的巡捕都慕名加盟。

孙震寰老先生是北方人，"通背劈挂拳"第七世传人，上世纪 30 年代来到厦门。五六十年代人们的印象中，两撇"人丹胡"的他虎背熊腰，人到中年仍武功高强，主持的"通背武术社"就扎根鼓浪屿，经常见他指导着徒弟们在日光幼儿园后边的一个大院子里习拳练武。这位武林高手为人仁慈低调，大多数鼓浪屿人不知他的名字，都亲切地称他"老孙"。大家只略知他当年是某镖局南下的镖师，更详细的就一无所知了，因此些许神秘。

最近，从孙老先生的儿子孙庆先生那里才知道，这位慈祥的"老孙"果真是一位把"拳头藏在手袖里"的传奇人物。他不但是一位被欧美和东南亚武坛颇具影响力的《黑带》、《武林周刊》杂志尊为"近代武林的一代宗师"的高手，更鲜为人知的，他竟是一位抗日的老英雄。

时任冯玉祥西北军第二十九军武术教官的孙震寰先生，武艺高强，被冯玉祥誉为"西北跤王"。1933 年，在爱国将领宋哲元、张自忠将军的指挥下参加了长城抗战。喜峰口战役，敌我武器装备悬殊，敌强我弱。孙震寰先生不畏强敌，"宁为战死鬼，不作亡国奴"，精忠报国，在冰天雪地里带着以沧州弟子为骨干的五百将士，手持大刀夜袭敌营，杀得不可一世的日本鬼子鬼哭狼嚎，一片恐慌。

这一仗不但为"九一八"事变以来中国军队取得对日作战的第一场胜利作出贡献，更是杀出了中国大刀的威风，使日本鬼子闻"刀"丧胆，这或许是近代战争史上以冷兵器战胜现代武器的一个罕见的经典战例。当时的日本报纸惊呼："明治大帝造兵以来，皇军荣誉尽丧于喜峰口外！"《大刀进行曲》这首振奋人心的抗日爱国歌曲就是为杀出军威的二十九军大刀队的弟兄们创作的，立即传遍神州大地，激励了四万万同胞。

为避日寇威逼，孙先生挟技南下，在厦门开办"通背武术社"，广收门生，把已在河北沧州流传 230 年的"通背劈挂拳"带到南方，也把中华民族的武德武风传承给后代。鼓浪屿又成了藏龙卧虎之地。

孙老先生不但武艺精湛，而且武德高尚，豪气侠骨。他不畏强暴，仗义勇为，扶弱济困，淡泊名利，生活简朴，鼓浪屿人每提起"老孙"，都满怀敬意，民间也流传着关于他的许多传奇轶事。孙老先生老家不是鼓浪屿，甚至连闽南都不是，他是河北沧州人。但是自30年代中期来到厦门后，他就长期以鼓浪屿为基地，以武为生，传授武德武艺，也曾任过"中华精武体育会厦门分会"以及英华中学的国术教练。他经常教导弟子，"艺本于德，德有余者艺必精"，他的一生为此信念作出表率，他的心血融入了鼓浪屿社会教育，已经成为鼓浪屿文化不可分割的一部分。

在孙老先生和他的弟子的努力下，这个拳种在海内外广为流传。目前，孙老先生的弟子创立了"国际通背武术联合会"，在香港、澳大利亚、加拿大、意大利、美国，以及国内的许多城市设立了分会馆，通背武术从鼓浪屿走出国门，厦门成了当今世界"通背劈挂拳"的中心。

## 第二节　解放后的社会教育：
## 从"大政府"到"大社会"

1949年10月17日厦门解放。解放后鼓浪屿的社会教育，从"民间自发"变成"政府行为"。这样的转型自有其深层次的原因。

### 一、社会教育怎么会转成"政府行为"

人民政府从旧中国接受下来的是一个满目疮痍的教育，旧公办学校资金短缺，教师工资被拖欠，私立学校也步履艰难。更艰难的是全社会的平均受教育程度很低，在文盲占大多数的社会里，很难工业化，很难建设社会主义。要搞社会主义建设，要满足翻身做主人的劳动人民提高自身文化水平的强烈愿望，人民政府就要负起教育的责任，把发展教育当成自己的"政府行为"。

鼓浪屿的教育状况虽然相对要好一些，但由于历史原因，文盲和贫穷仍是鼓浪屿面临的大问题，单靠旧中国留下的几所中小学校循序渐进解决不了问题。要加快提高全社会文化程度的办法只能是"两条腿走路"：在大力发展正规学校教育的同时，也高度重视社会教育。我们想，这就是为什么解放后的社会教育选择"政府行为"的深层原因。也正因为人民政府的重视，教育的普及、教育的民主化才会在解放后突飞猛进。

## 二、教育相对发达的鼓浪屿文盲从何来

从鼓浪屿城市化发展的历史看，有几次外来人口涌入的高潮。

第一次是公共租界时期。1843年11月厦门正式开埠，鼓浪屿逐渐地从半渔半农的乡村社会向半殖民地的城市化社会发展，尤其是1902年被划为列强的公共租界后，外国人把持的鼓浪屿租界的行政管理机构"工部局"，按照西方的管理模式来进行城市建设、治安和管理环境卫生，客观上加速了鼓浪屿的城市现代化进程。城市现代化的结果是使鼓浪屿变成了洋人、归侨侨眷和"原住民"混合居住的"国际化居住型公共社区"，也由此吸引了大量以从事服务业为主的外来人口进入了鼓浪屿，形成第一次高潮。

据统计，从"公共租界"划定的1902年到它将近终结的1941年，鼓浪屿的人口从大约12000人发展到43000人，增长了近3倍。这4万多的居民中，洋人约350人上下。而在增长的人口中，有大量迁入定居的华侨和台胞，更大的一部分是从漳、泉两地来鼓浪屿寻找生机的破产农民，他们成了岛上的重要的劳动

力，如码头工人、双桨工人、小商小贩、学徒工、清洁工、佣人等。这个劳工群体，生活贫困，基本上未曾受过正规的教育，而租界的"工部局"并没有承担起提供教育的责任。

第二次高潮是 1938 年厦门沦陷，大量难民涌入鼓浪屿。尽管鼓浪屿沦陷前，不少中上阶层的家庭逃离这个小岛，但从整个抗战期间看，还是"进"大于"出"。

第三次高潮是在解放前后。由于抗战时期涌入的难民一部分留在岛上成为永久居民，加上 50 年代新中国经济建设的需要，从内地农村输入大量的劳务人员，岛上定居的居民再次剧增，这些人口中文盲占很大的比例。

长期的战争和动乱，农耕社会向工业社会转型，带来了新增劳动力文化水平的低下，带来了社会文化的一穷二白。"两极分化，文盲为主"，这就是解放初鼓浪屿教育面临的严峻形势。

解放后外来人口涌入鼓浪屿还有两次高潮，一次是 1958 年的"大跃进"时期，再一次就是改革开放厦门被定为经济特区之后，这些都是后话了。

## 三、声势浩大的"扫盲运动"是人民政府为民办的实事

为满足社会主义建设和劳动人民学习文化的要求，提高社会平均文化程度，人民政府办了两件实事，一是加快学校发展，增加孩子进入中小学的机会。二是在全社会发起一个声势浩大的扫盲运动。社会教育担当起成年人扫盲的主角。

人民政府首先在文盲集中的劳动密集型企业里办起夜校，聘请专职或兼职的教师，编发教材组织扫盲。鼓浪屿的搬运站、渔业队、手工业合作社成了重点，企业里的码头工人、运输工人，渔民、手工业者中的大批文盲被组织进夜校进行识字、学习。各个街道也组织扫盲班，将许多未曾受过教育的家庭妇女、保姆请进扫盲班去读书识字。扫盲成为一项政治任务，搞成一个群众

"运动"，各行各业都被动员起来，开展得热火朝天。连中小学生都加入"助教"队伍，学校安排任务，要求学生们放学回家后要当"小先生"，帮助家里或周边的扫盲对象写字、复习，以巩固扫盲班里的学习成果。

鼓浪屿的扫盲工作一直进行到"文革"期间还没有完成，1970年鼓浪屿区海洋捕捞大队还在开展扫盲工作。渔民是一个特殊的"水上人家"群体，他们带着小孩出海捕鱼以海为家，长期在海上生产和生活，没办法正常上学。渔民这一群体成了文盲大户，捕捞大队45岁以下的青壮年中，文盲和半文盲占90%以上。为此，鼓浪屿捕捞大队根据渔民的生产劳动规律，规划了整个大队的文化普及教育工作。抽调三名公立小学教师到捕捞大队担任专职教员，采用全日制小学和夜校等办学形式，分别对学龄儿童和13岁以上全体渔民及其家属进行文化扫盲。经过几年的补习，许多渔民摘掉了文盲的帽子。

改革开放以后，特别是20世纪90年代后，大批文化较高的鼓浪屿"原住民"迁出，大量外地文化较低的农民工涌入，这种"逆淘汰"的结果使鼓浪屿再一次面临扫盲的艰巨任务。80年代末开始，在当时国家教委的统一部署下，区政府再一次对文盲发起了攻势，这次攻势的主要目标是"两基"，即"基本普及九年义务教育，基本扫除青壮年文盲"。1993年经省教委验收，鼓浪屿成了福建省首批实现"两基"的区县。

扫盲确实是人民政府为人民办的一件实事，也为社会主义建设准备了大批有文化的劳动者。

## 四、业余学校圆了许多人的求知梦

业余学校属于成人教育、职后继续教育，由于是"业余"，所以常常是非全日制，休息日或下班后才开课。但在经济社会大发展、正规学校资源紧缺的特殊年代里，这些学校也常接收脱产学习的学生，发挥了特殊的作用，圆了许多人的求知梦。解放后有过三次这样的特殊年代。

第一次是刚解放，大批文化程度不高的工人农民走上工作岗位，不少还当上领导，需要超常规地补习文化，于是有"工农速成学校"应运而生。

第二次是1958年的"大跃进"年代。那是一个落后的穷国追赶老牌帝国主义国家的年代，是一个急于求成的年代，什么都"大办"，大办工业，大办农业，也大办"大学"，一个晚上可以冒出好几所新"大学"来"报喜"。尽管如此，办学校总是对提高全社会的文化水平有好处。

上世纪50年代，设在鼓浪屿岛上的厦门师专（即后来的厦门师院）开办了成人夜大学，开设了英语、中文等进修课程。1958年，市科委迁入鼓浪屿八卦楼，也在这里先后办了中医学院、业余科技学院，这就是曾被戏称为鼓浪屿"北大"的业余学校。"北大"者，"八卦楼大学"之戏称也，"八"与"北"在闽南话中是谐音。这些属于成人教育性质的学校为岛上居民的继续教育提供了很好的机会，一批没机会上大学的鼓浪屿青年在这里圆了求学梦，出了一些人才。

第三次是上世纪80年代初"文革"结束。面对改革开放的形势，面对突飞猛进的现代化、全球化步伐，人们认识到文化的重要。一大批中断学业多年的"知识青年"，一大批只读几条"语录"和"工基"、"农基"就走上社会的小青年，像久旱盼雨的禾苗盼望着文化补习，形成全民"恶补"文化、猛钻技术、狂念英语的热潮，那时的社会才真是一个民众自发的"学习型社会"！"业余学校"立刻成为那个时代社会教育的"新宠"，顺应民心办起来的鼓浪屿业余中学大受欢迎。当然，也随着她的历史使命的完成而圆满画上句号。

## 五、很长一个时期，"一大二公"是公共教育的亮点

上世纪五六十年代，人们对社会主义的理解是"一大二公"：第一是"大"，即"大政府"，政府包揽一切，"小社会"，社会原有的功能被边缘化了，萎缩了；第二是"公"，只准姓"公"，只能公办，私有的民间企、事业一律"社会主义改造"。因此原本的"社会"公共教育也就通通变为清一色的"政府"公共教育了。

50年代开始，政府对鼓浪屿的社会教育机构进行整顿和建设。

解放初，鼓浪屿私立中山图书馆继续向民众开放，但因董事会名存实亡，办馆经费难以为继。1953年1月，厦门市人民政府应私立中山图书馆董事会的请求，接办了中山图书馆，拨款修缮馆舍、补充藏书，以崭新的面貌向社会提供服务。90年代政府又易地在鼓浪屿人民体育场旁边新建馆舍，更新设备，丰富藏书的种类和数量，老图书馆旧貌换新颜。

鼓浪屿中山图书馆（厦图供）

鼓浪屿音乐厅（白桦供）

1954 年 4 月，公办的思明电影院派人利用鼓浪屿"延平戏院"旧址，建立鼓浪屿电影放映站，1956 年改称鼓浪屿影剧院。这个设在龙头菜市场上的鼓浪屿影剧院，很长一段时间一直是岛上唯一的公共文化教育场馆。

这里每天上映国产影片或苏联影片，全岛居民对她的"新片预告"的关注度不亚于每天对天气预报的关注。一有好片子，售票窗口立刻排起了长龙，影片里的故事也立刻成为岛上男女老少本周热议的话题。这里也是最受岛上中小学生喜欢的地方，学校包场电影常常成为全校小孩们盛大的节日，可以让孩子们激动好几天。也有像现在迷恋黑网吧一样逃学迷在电影院里，被家长从里面揪回来的"美好"回忆。

看电影在当时可不是"娱乐"，而是一种重要的"政治思想教育"。不但是故事片，就是中央新闻电影制片厂的新闻短片，也使岛民们"胸怀祖国，放眼世界"，开眼界，长见识。看完电

鼓浪屿八卦楼曾是厦门博物馆（龚洁 供）

影回来，老师们还常常布置学生们写"观后感"，让感受变成文字，让认识升华为觉悟。

鼓浪屿还有一个看电影的好去处，就是放露天电影的解放军营地。驻鼓浪屿的解放军连队定期在驻地的广场上露天放电影，这一晚上就成了军民共享的文化盛会。天还没黑下来，就有居民早早来抢占位置，放映时连银幕背后都站满人。放映前部队拉歌，歌声此伏彼起，在场民众呼儿唤友找位子，都在等待那激动人心的放映时刻。场地的照明突然暗了，全场的喧哗戛然而止，接着放映机射出一束强光，片头音乐响起，全场立刻掌声雷动，好看的故事开始啦！这一幕永远留在老鼓浪屿人的记忆里。

1984年动工兴建，1987年2月竣工投入营业的鼓浪屿音乐厅坐落在鼓浪屿人叫"番仔墓口"的地方。这地方原来是租界前和租界时期洋人的墓地，1957年为了声援中东人民的反帝斗争，愤怒的示威游行人群把这些"老帝国主义份子"的坟墓都砸了。这里环境幽雅清静，音乐厅建在这里是很合适的。鼓浪屿音乐厅主建筑造型别具一格，场内的声学工程设计和效果，以及配置的多架演奏钢琴，在国内堪称一流水平。音乐厅的建成，大大提升了鼓浪屿这个"音乐之岛"的品位，不但成为国内外几个音乐大赛的专业赛场，不少国际著名的音乐大师也喜欢到这艺术殿堂里一展风采。

"少年宫"这一类学生校外活动基地，是和"少先队"同时出现的社会主义新生事物，是解放初从苏联老大哥那里学来的，体现了党和政府对青少年健康成长的关怀。不过可能是由于鼓浪屿太小，或者是一时找不到合适的地方还是怎么地，这"新生事物"一直到苏联从"老大哥"变成了"苏修"以后才在鼓浪屿出现。1964年，鼓浪屿区人民政府在"大宫祠庙"旧址建立了鼓浪屿区青少年宫。但没两年就遇"文化大革命"，青少年宫被迫暂停活动。改革开放后分开复办，"大宫祠庙"原址建"青年宫"，由共青团区委管，是青年人文化活动的地方。

鼓浪屿区少年宫则择迁到海坛路原东方红小学（解放前的普育小学）的地方。1989年兴建新楼，完善建制，承担鼓浪屿区各小学的课外科技、文艺活动以及区少先队工作，发挥其校外教育的职能。全区小学信息技术课程的教学也依附在少年宫

新中国成立之前，鼓浪屿岛上没有博物馆之类的机构。1962年，为纪念郑成功收复台湾300周年，厦门市人民政府在鼓浪屿日光岩北麓原黄仲训的"西林别墅"办起厦门市郑成功纪念馆。这是岛上第一家兼有纪念性和研究性的名人博物馆。80年代，又在原"梨子园"的地方建起了林巧稚纪念园，在"八卦楼"建起厦门市博物馆。此后，钢琴博物馆等各种民间博物馆在鼓浪屿纷纷出现，为鼓浪屿名胜风景区丰富了文化内涵。

在只有1.78平方公里的鼓浪屿岛上，图书馆、博物馆、纪

念馆、文化馆、青少年宫、电影院、音乐厅等公共教育设施一应俱全，构成了形式多样、内容丰富的社会公共教育资源，和岛上的学校教育交相辉映，相辅相成。

很长一个时期，这一切都是人民政府统一规划，统一拨款建设，统一管理的"事业单位"。这种典型的计划经济"大政府，小社会"的模式，能"集中力量办大事"，优越性显而易见，但也渐渐显露出它的弱点，不能满足民众多元的文化需求和终身教育的要求。

## 六、让社会教育回归社会：教育社会化，社会教育化

改革开放之后，社会的经济发展突飞猛进，人民生活水平日益提高，社会文化生活日益丰富，知识信息的更新和发展更是日新月异。人们发现，把"教育"理解成仅仅是"读书"，把"教育"理解成仅仅是在学校里发生的事，把"教育"理解成仅仅是人生成年以前要完成的任务，这些陈旧的"教育观"是应该淘汰了。鼓浪屿是在20世纪80年代，在探索德育的"学校、家庭、社会三结合"的过程中，在开发校外教育领域的实践中逐渐摆脱这些陈旧过时的教育观的束缚，跳出"古井"认识新天地的。

形成的新理念是："教育社会化，社会教育化"。

——1984年起，鼓浪屿区少年宫承担起区少工委的职能，区少先队总部设在少年宫里，统一组织和协调全区的少先队工作。此举不但使区少先队工作有了工作机构，有了活动基地，为全国少先队工作创造了一条新经验，更重要的意义在于因此统一了全区小学生校内外活动的指挥权，为"家、校、社三结合"机制的形成准备了条件。

——引进社会的教育资源，"嫁接"出优势"品牌"。举个例子，1990年鼓浪屿少年宫在全市率先与厦门市少儿图书馆合作，不但在区少年宫设立分馆，还一起组织本区小学生开展"红

领巾读书读报奖章"活动。读书活动的组织，以区少工委的网络运行，遍及各个学校；读书活动的阵地，有市少儿图书馆鼓区分馆；读书活动的辅导，有各校的老师和少年宫的辅导员，典型的"强强合作"，把鼓浪屿的"红领巾读书读报奖章"活动搞得扎扎实实，为此，区少年宫获得厦门市"红读"活动先进集体、福建省"红读"活动金钥匙先进集体奖。

再如，他们在区少年宫把厦门市青少年创造发明学校请进来，设立了鼓浪屿分校，"小工程师命题制作竞赛"、"小研究生班"、"学与玩"夏令营、"网络实验室"等成了他们的拳头产品，把培养学生创造力的教育搞得有声有色。尽管已经过去多年，一谈起小时候少年宫的科技辅导员是如何组织"设计一个保护鸡蛋坠楼不破的装置"发明竞赛时，当年的"小发明家"们仍一个个眉飞色舞。

还有，他们借助厦门市音乐学校的师资力量联合组建的"鼓浪屿少年艺术团"，成了福建省首批"十佳少儿艺术团"。市邮电局、地震局，市区环保局、司法局也是少年宫常年合作的伙伴。在政府的主导下，社会各行业的教育意识、教育功能被激活起来，被开发出来了。有这些社会力量专业和经费的支持，鼓浪屿区少年儿童的德育、科技教育、艺术教育、法制教育一直走在先进的行列，形成鼓浪屿教育的特色。

——和学校"树立大活动课观念"的课程改革配合，为"学校教育"与社会连为一体创造了条件。他们让少年宫这种社会公共教育机构来承担学校的一些课程，例如全区小学的信息技术课程就统一在少年宫开课，共享资源也精简机构。全区小学生的社会实践和社区服务课程也由少年宫来组织。他们很早就在少年宫配备了锅碗瓢盆和灶台，让学生学习煮饭炒菜做家务。他们组织的"义务小导游"实践活动，不但让小朋友们对家乡更加了解更加热爱，还丰富了他们人际交往的阅历，培养了他们的服务精神，中外游客对这些"义务小导游"交口称赞。

鼓浪屿区少年宫办得红红火火，充分发挥了校外社会教育的职能，取得了显著成绩。1992年，该宫被国家教委、文化部、全国总工会、共青团中央、全国妇联、中国科协联合授予"全国少年儿童校外教育先进集体"称号，1995年获福建省"文明单位"称号。

但是，鼓浪屿的"教育社会化，社会教育化"这篇文章到这里只写了上篇，即"教育社会化"，而且更准确一点讲，仅仅是"学校教育"的社会化，其实就是以前的"开门办学"。当鼓浪屿启动了"社区教育"实验时，这文章的下篇"社会教育化"才正式开题。

所谓社会教育化，就是要建设一个"学习型社会"。在这个"教育化"了的社会里，学习不只是为学校里的学生设计，而是面向全社区的居民，全社区的男女老少都在学习；在这"教育化"的社会里，"学习"这事儿不再是人生某个阶段的任务，而是贯彻人生始终的"终身大事"；在这"教育化"的社会里，学习也不只是增长知识，而是满足人们生涯的各种需要，充实人生，完善人格。也就是说，在学习型社会里，"学习"必须像电磁场一样"全员、全程、全方位"地弥漫在整个社会，形成一个"学习场"。鼓浪屿就是按这个思路来续写这篇文章的。

由于有青少年校外社会教育积累的丰富经验和打下的扎实基础，2000年4月，鼓浪屿顺理成章地被国家教育部确定为全国首批八个"社区教育实验区"之一，以"构筑终身教育体系，创建学习型社会"为特征的社区教育实验在岛上全面展开。

关键的一步是，该由社会做的事政府不包办了，要激活、要培育被边缘化了的社会自身的教育功能，让社会释放出活力，使"社会教育"回归社会。不过这要有一个过程，鼓浪屿这场变革的开局仍然由政府来主导。

2000 年，鼓浪屿区建立了"鼓浪屿社区教育指导委员会"，制定了《鼓浪屿社区教育发展规划及实验方案》。2001 年，鼓浪屿社区教育指导委员会将原有的区青年宫、少年宫、业余学校与社区教育办公室等整合起来，成立了"鼓浪屿社区教育中心"，调动、集合岛上政府机关、学校、企事业单位和驻岛部队所有的教育资源，实现松散联合，共同构筑鼓浪屿终身教育体系。

岛上公办的公共文化教育机构变成了优先向青少年开放的爱国主义教育基地、科普基地、劳动实践基地和军训基地，常年坚持各种教育活动。民族英雄郑成功的纪念馆、纪念解放鼓浪屿牺牲烈士的"英雄园"、纪念林巧稚大夫的毓园和驻鼓部队的"鼓浪屿好八连"四个单位，被分别确定为主题是"爱国主义精神"、"革命英雄主义精神"、"无私奉献精神"和"艰苦奋斗精神"的教育基地，通过"四种精神"的教育，帮助青少年学生树立正确的世界观、人生观和价值观；鼓浪屿华侨亚热带引种园和西林苗圃建立起中小学生劳动基地；驻军"鼓浪屿好八连"与学校配合开展少年军校活动；少年科普学校以民办的"海底世界"为基地办起"小研究生班"。社会公共教育为鼓浪屿小学开放式的创新教育系统提供了丰富的教育资源。

鼓浪屿区"社区教育中心"设在少年宫。这里不但是岛上孩子们熟悉的校外教育基地，还利用现有的设施设备，办成面向全区男女老少的"鼓浪屿区市民学校"，设计了面向各个年龄段、各种群体的培训项目。

各社区居委会也办有自己的市民学校，校址一般借用辖区内的学校或文化单位，按统一计划又有各自特色地实施教育。例如为了在向世界开放的鼓浪屿岛上培养能与外宾沟通、具有全球视野的新鼓浪屿人，由社区教育办公室编写教材，在全岛开展"鼓浪屿人学英语"的普及教育。这个普及活动从驻军"鼓浪屿好八连"开始试点，而后在各居委会全面展开。

中山图书馆、少儿图书馆鼓浪屿分馆、各单位图书馆以及各居委会图书角，为社区读者提供各类读物，举办各类读书活动，极大地满足了社区成员的学习需求。

各社区在社区教育中心指导下开展了"绿色社区"、"阳光社区"、"法德治居"、"青年文明社区"和"倡道德新风，建文明社区"等主题活动，涌现出"音乐家庭"、"故事会家庭"、"英语家庭"、"花卉家庭"、"中草药圃家庭"等学习型家庭以及中山图书馆的"读书活动组"、"退休老人学习团队"、"八连战士学习班"、"三友百货青工培训班"等学习组织。

当今中国社会存在极为强大的"组织资源"，通过这套组织资源去实现社会动员效率很高，这也是"中国特色"。鼓浪屿复活社会教育的工程，起步时就紧紧抓住这个"特色"，社会资源被激活、被动员起来了。一个"人人是学习之人，时时是学习之机，处处是学习之所"的学习化社会形态的鼓浪屿正在"孵化"，呼之欲出。

## 七、民间的社会教育在鼓浪屿悄然复兴

民间"社会教育"的发育程度，体现了社会对教育的自觉程度，是"社会教育"回归社会的重要标志，是社会"教育化"的重要标志。自1998年旅居澳大利亚的华人胡友义先生在鼓浪屿菽庄花园"听涛轩"创办"鼓浪屿钢琴博物馆"始，民间的博物馆、展览馆、民俗馆这类社会文化教育机构在鼓浪屿悄然发展。

胡友义先生1936年出生于鼓浪屿，毕业于布鲁塞尔皇家音乐学院，主修风琴和钢琴。他是以收藏家称著于世的，对收集、研究各式各样的钢琴、风琴很有兴趣，也投入很多心血和资金。他收藏的不但有19—20世纪各国生产的各种钢琴、风琴，连同琴有关的烛台、台灯、油画等物品都一并囊括。

胡友义先生把自己多年的收藏陆续运到鼓浪屿，在菽庄花

鼓浪屿音乐博物馆（旧影新光）

园办起钢琴博物馆。这里曾经是台湾富绅林尔嘉的私家花园，背倚晃岩，面临大海，既能领略中式园庭的典雅，又能极目大海的壮阔，将钢琴博物馆设在此处正是人与自然，自然与音乐的和谐统一。在厦门博物馆另迁新址之后，又在八卦楼办起了风琴博物馆，从欧洲街头艺人用的手提式风琴，到13米高，重35吨，有7451个风管和133个音栓的美国"凯思文特"巨型管风琴应有尽有。这两个博物馆所有馆藏品的主人胡友义先生表示，他要尽自己最大的力量，在鼓浪屿八卦楼建造一个世界最大、收藏最丰富、属于老百姓自己的风琴博物馆。在这个博物馆里，不仅可以看到种类多样的古风琴珍品，看到管风琴的外型和内部结构，还能定期欣赏到管风琴庄严圣洁的演奏，"希望全世界的音乐爱好者都怀着朝圣的心情来到这座有着无与伦比的美丽的音乐之岛"。

另一位热心人士是来自台湾屏东的洪明章先生。洪先生2001年开始从事海峡两岸民俗文化历史实物的收藏和展览工作，迄今已藏有 5 万多件民俗文物。他在鼓浪屿龙头路与福建路交界 20 世纪初原"华侨银行"的旧址上办起一个名为"百年鼓浪屿"的"怀旧鼓浪屿民俗用品展示馆"，馆内展示了鼓浪屿租界时代的工部局、会审公堂、洋人俱乐部、"猪仔馆"、洋行、银行、教会、学校、客栈、居民住家的数千件用品、照片、文书。这些文物是洪先生从旧货市场，从收购破烂的小商贩手里淘来的，甚至是从正在修缮的鼓浪屿老房子要扔掉的废物堆里抢救出来的。洪先生对这些保留着"鼓浪屿城市记忆"的民俗文化历史实物的珍惜，真是比鼓浪屿人还要鼓浪屿！

　　除了上述的博物馆、展示馆外，鼓浪屿在开发旅游业之后，还出现了"鼓浪屿海底世界"、钱币博物馆、万国建筑博物馆等。一些茶馆、咖啡馆甚至一些家庭旅馆也打出"怀旧文化牌"，让游客在其中感受浓浓的"老鼓浪屿文化"。

　　小岛上这一些民间"社会教育"的悄然复兴，使鼓浪屿的文化魅力光彩四射，也使鼓浪屿"社会教育化"这下半篇文章更深刻，更文采飞扬。

## 第三节　经典的"鼓浪屿家庭教育"及其他

### 一、岛上先民的家庭教育

　　1990 年，鼓浪屿工艺美术学校内的基建工地里，出土了大批古铜钱。从整理结果看，这批古钱年代最晚的是宋代的"咸淳元宝"，专家因此推断，这些古钱窖藏年代为南宋末年。其主人很可能是当时较富有的渔民，也不排除宋室遗臣。从这个考古发现，我们可以推断，在南宋末年之前就有移民入鼓开发，定居传衍。

据说鼓浪屿"内厝澳"旧庵河一带原是一个叫"李厝澳"的滨海小村落,"茅屋数椽,夜泊渔舟三五,村外岗峦起伏,田园几亩,树木郁茂",是原海澄三都贞庵村(今属海沧区)李氏渔民为避风、晒网而拓的。后来李氏家族迁回嵩屿贞庵,原同安县角尾锦宅黄氏家族迁入此处农耕开发繁衍,便将"李厝澳"改为"内厝澳"一直沿用至今。可见鸦片战争之前,鼓浪屿是个半农半渔的乡村社会。随着厦门周边闽南沿海的开发,也出现了"水上物流业",专搞内河运输和沿海贸易的"船户"。

岛上以农耕为业的先民,为求生存,常常是以本姓家族相聚而居,这种"抱团取暖"的生存方式比起单家独户来更有利于应对荒岛的恶劣环境。多年的耕耘,岛上渐渐形成内厝澳、鹿耳礁和日光岩麓三个民居聚落村庄。

以鼓浪屿的大姓"黄"氏为例,据有关资料记述,鼓浪屿黄氏廷枫派的开基祖、同安人黄清波于元代大德、至正年间就来到鼓浪屿定居,传到当今已是二十二代。鼓浪屿占地面积最大、开间最多的古式建筑"九十九槛"即其后人所建;明代成化年间,当时隶属同安县的角尾锦宅黄氏家族亦有人移入鼓浪屿旧庵河一带定居,从事农业生产。经过数代繁衍,宗族人丁兴旺,后来逐分支衍移康泰垵、鸡山脚、内厝澳乃至鹿耳礁,成为鼓浪屿之望族;清代初期,同安县洪塘乡石浔社黄氏族人也陆续上岛开发,定居于"岩仔脚"(日光岩麓)的竖坊(今乌埭路 5 号附近)、鱼池仔内(今乌埭路 10 号至 20 号)、楼仔树脚、阜埔仔(今海坛路与中华路交叉处一带)。

这些聚族而居的先民们,以大家庭的组织形式存在,施行家族制度。为了维系家族的稳固,增强家族的实力,具有相同血缘关系的家族往往是以宗祠来对家族进行管理。

例如当年从角尾锦宅移居鼓浪屿的"锦宅黄",就以内厝澳为大本营。在内厝澳不仅有黄氏家族的大宗祠"莲桂堂",还设有分支宗祠"莲瑞堂"、"四美堂"。"锦宅黄"在鹿耳礁还有分支"垂裕堂",不愧为鼓浪屿的望族。而来自同安洪塘的"石浔黄",则在岩仔脚设立了"竖坊祠堂"和"黄氏小宗"。宗祠就是家族凝聚力的中心,每一个宗祠都有一位辈尊年高的族长,为本族施行主张、排解纠纷,以维系家族的稳定和秩序,同时也使家族传统得以传承。

儒家伦理哲学——"五伦之礼"是当时农业社会家庭教育的重要内容。所谓"五伦之礼"即:父慈、子孝、夫义、妇贞、兄友、弟恭。一个家庭先有先天骨肉之亲,又有生活上的感通之情,再有伦理相辅相成、相依共存之谊,则家庭的和谐、安定就有了保障。一个家庭如此,一个家族更需要有"序长幼,明贵贱"的伦理来保障内部的秩序和稳定。正因为鼓浪屿从事农业的先民有"聚族而居"的特点,因此当时的这类家庭教育更多是在"家族"的范围里进行的,称其为"家族教育"或许更准确。

1986年内厝澳出土的《明处士振山黄公墓志》一方,为我们留下古代鼓浪屿家族教育的点滴信息:

> [振山公]事贤母而孝声称。乃其事兄犹父也,视兄弟之子犹子。人谓其矫情而勉然若是,实由性而守之若是。常课吾曹曰:"人之生也直,不直不可言生。任有翻云覆雨之人情,自有日霁月明之我心在。令我生太丘时,联袂比肩可矣。人所谓衣食充,视孙子以无虞可耳。而苟乖廉,百年亦偷生;而苟负惭,即蝉委亦贻疚。"

从这块目前鼓浪屿仅见时代最早的墓志中,我们可以窥见墓主黄一鹄(振山)的家训言行。他不仅自守孝悌,以自己的行动对后辈进行儒家的"伦理教育",而且还谆谆告诫其子侄持守忠信、义方之道,对他们进行忠信、仁义、勤俭等的"品德教育"。而立志、力学、惜光阴的"励志教育";学习爱师、亲友之道,学习人际间应对、进退礼节,学习勤俭持家的"生活教育",也常常是农耕家族"家训"的重要内容。中国人素来重视家训，长辈们通过家训对后辈晓以立身处世之方，教以敦品力学之法，用现在的话讲就是通过家训教化后辈"学会做人"。

鸦片战争以前鼓浪屿的另一部分非农耕家庭的教育，则有其不同于传统的农业社会的特点。鼓浪屿的一部分先民是"以海为田"的，从打鱼到内河运输到沿海贸易，不是靠种田吃饭的，所以这样的老家族的家庭教育并不同于传统的农业社会的宗法教育。特点是，小家庭的地位高于大家族。这不难理解，因为他们常常是"一船一户"的海上"流浪族"，以户为单位独立谋生；不重视读书而重视各有所业，各有一技之长。这类家庭还不在少数。

但不论有什么不同，重视家教，把"学会做人"的德育摆在首位，是鸦片战争之前鼓浪屿家庭教育的共性。百年来，鼓浪屿的家庭一直保持重视家教的传统，小孩子都比较知书达理"有教示"，这难得的民风究其源，看来与此不无关系。

## 二、租界时代鼓浪屿社会各类家庭"家教"的价值取向

鸦片战争之后，特别是1902年成为"万国租界"之后，鼓浪屿逐渐由封建的半农半渔小岛走向带有殖民地印记的现代化社会。西方传教士带来了基督教文化，也将西方文明移植、渗透到这个小岛上。而早期出洋的闽南华侨及其眷属、台湾割让后内渡入陆定居鼓浪屿的台胞人士以及漳、泉两地到鼓浪屿寻求生机的破产农民进入了鼓浪屿，亦带来了多样的文化。此时鼓浪屿的社会结构和教育文化生态发生了极大变化。

鼓浪屿老前辈牛何之先生对租界时代的鼓浪屿社会有这样的说法，他把当时的社会分为三个阶层：

其上层是"外国领事官、外国教会的传教、办学、医务人员，中国洋务机构的高级洋员，洋行大班，工部局的高级华洋员

警，中国现代企业如银行、公用事业的经理阶层，医生、牧师，和被安置在这里的南洋华侨商人眷属"。

其中层，也是当时鼓浪屿社会的主体是"各自营生的市民：白领阶层的洋行雇员、海关、银行、邮电、公用事业职员，中小商人，相当数量的学校教师与学生，守着一份祖业过日子的几个早期在鼓浪屿创业的家族的后人，海员、工匠以至相信自己的下一代可以通过接受一定教育挣得出人头地的，为外国人执役的boy"。

其底层，即边缘群体是"耕种着内厝澳几块剩余的田地、或以打鱼为生的农民和内海渔民，包括原来定居的和从内地逃荒过来的；他们代表着鼓浪屿的过去，保持着相对封闭的农业社会的生活方式，少与他人有干涉。从他们中间分化出来的双桨工人、苦力、小贩、徒工、清洁工、佣人则处于进入市民生活的过渡状态"。

牛何之老先生对当时鼓浪屿社会的这一个分析所用的方法，虽不是用马克思按"对生产资料的占有"来划分阶级的分析方法（社会学把这类方法称为"客观法"），而是用社会学上称之为"声望法"的方法去分析，但社会学认为，这种划分方法对诸如鼓浪屿这样的小社区是有价值的。

从牛老先生的分析可以看出，当时岛上人数最多的阶层是"中层"，其组成主要是靠知识和技能吃饭的大小知识分子，当时全社会教育水平低，小学毕业就可以称"知识分子"了。岛上工业规模不大，只有少数几个小工厂。比较出名的如1893年在内厝澳燕子尾山下开办的"厦门机器公司"，工厂不大，修理船舶兼营铸铁业务，以及1907年在燕子尾山开办的手工作坊式的"淘化有限公司"酱油厂。因此岛上产业工人不多，且技师工匠占不小比例。这类技师工匠以及为富商、洋人执役的boy、厨师甚至佣人，其"声望"都不能归入赤贫的底层。可见，那个时代的鼓浪屿社会结构呈"两头小，中间大"的橄榄型。

对当时鼓浪屿社会这三个阶层的社会心态，牛何之老先生又做了生动的分析：

社会的上层——"他们满足于自己的地位与舒适的生活，要求维持一种稳定的社会秩序"；

社会的中层，也是占社会多数的市民——"他们循规蹈矩、安分守己、知足常乐，希望以自己的努力取得升迁与上进的机会"；

社会的底层——"保持着相对封闭的农业社会的生活方式，少与他人有干涉。从他们中间分化出来的双桨工人、苦力、小贩、徒工、清洁工、佣人则处于进入市民生活的过渡状态"。

牛何之老先生对鼓浪屿当时社会的这个分析，对我们了解鼓浪屿当时的家庭结构，了解当时各类家庭的"家庭教育"很有帮助：这三个阶层形成了当时鼓浪屿的三类家庭，三个阶层的社会心态也是当时三类家庭"家庭教育"的价值取向。

## 三、经典的"鼓浪屿气质"是如何凝就的

尽管鼓浪屿的家庭所处的社会阶层不同，也存在祖籍地域传统的差异、个人文化背景和价值取向的差异，但在鼓浪屿"万国租界"这样有着近半个世纪相对安定的特殊环境的小岛上，岛上的家庭文化渐渐形成趋同的特色。

鼓浪屿当时的社会有这么一点十分独特，小小的岛上集中了那么多的学校，各阶层子女受教育的机会很多，这就使得阶层之间的"代间流动"的可能性大增。也就是说，底层家庭的子女，通过读书来改变命运的机会较多。加上宗教的和居民自发的慈善助学，更为"代间流动"增添了渠道。鼓浪屿这个橄榄型的社会中间层越来越大，阶层区别越来越小，阶层间的矛盾趋于缓和，社会愈呈稳定状态。这是促进岛上居民文化趋同和文明程度提高

1930年代鼓浪屿的男女青年

的社会基础。

　　西方传教士给鼓浪屿带来了基督教文化。传教士们在拯救灵魂的宣传中，为人们描绘了一个自由、平等、博爱的天堂，而要达到这个天堂，基督徒们则必须经历信靠、驯服与远离诱惑的天路历程。基督教的这种说教，无论是对基督教徒还是对社会大众，都可以说是一种道德规范。

　　鼓浪屿岛上传统家庭伦理教育的"五伦之礼"虽然强调了"长幼上下"的秩序，和基督教的"平等"不那么相合拍，但儒家"克己复礼，天下归仁"的学说与基督教的"博爱"教义却有着异曲同工之妙。两者又有一个共同点，就是都"把德育放在首位"，都在德育上下气力。这就是西方基督教文化与中国儒家文化在碰撞过程中的交集，西方的基督教文化和中国的儒家文化在这个交集上互不排斥，和谐共存，融合成一体，进入了鼓浪屿的一个个家庭中。"仁义"、"博爱"成为鼓浪屿大多数家庭道德教育的核心。鼓浪屿人也有七情六欲，但注重尊长爱幼、扶弱济贫、循规蹈矩、谨慎自尊、敬业乐业、勤奋向上，成了小岛上大多数家庭道德养成的规范。

由于鼓浪屿长期保持了相对稳定、文明的环境，小岛上的居民以是"鼓浪屿人"为荣，住下来就不想离开（这个"鼓浪屿情结"延续至今，很多已搬出鼓浪屿的"老鼓浪屿"，户口都一直舍不得迁出这个小岛），几代长居者不在少数，产生了家长和子女都是同一个学校的校友、都在同一个校训的熏陶下长大的现象。当了妈妈的"前女生"，又常常把校训转变为"家训"，从娃娃抓起。所以鼓浪屿的"家庭教育"和她的"学校教育"的价值取向有很高的一致性，各阶层家庭"家庭教育"的价值取向也由此有很高的一致性。家庭、学校、社会教育价值取向难得的一致性，使鼓浪屿德育实效倍增，也使岛上不同家教熏陶出来的孩子，渐渐教化出一种趋同的"鼓浪屿格调"。

对此，黄猷老前辈有更细致的观察，他认为，家庭、学校、社会三个要素，不同阶层家庭的子女所受的影响各有侧重。真正"家校社教育价值取向一致"的是中产阶层、基督教家庭，这类家庭在鼓浪屿是主体，所以有代表性。而对上层家庭子女的影响，是"家庭"因素占优势；对下层家庭子女的影响，则是"社会"因素占优势。在校时如此，走出学校后更是如此。

抗日战争前后，鼓浪屿与厦门大学的一段因缘，也极大强化了岛上知识阶层的优势。

厦门大学为避战乱内迁长汀之前，从1937年9月初到12月底曾转移到鼓浪屿岛上上了三个多月的课，为内迁积累了经验，有效地减少损失，也使小小的鼓浪屿一下子集中了那么多的大学生和教授，变成一个"大学岛"。1945年日本战败投降，厦门大学从长汀迁回厦门原校址之前，也先把复员的办事机构"厦门大学复员处"设在鼓浪屿，并把厦门大学五学院之一的"新生院"设到鼓浪屿。此后厦门大学每年招收的一年级新生就都先到鼓浪屿厦大新生院上课，在鼓浪屿度过一年的学习和生活，二年级再转到厦大校本部上课。这做法一直延续到解放后的1950年。

尽管后来新生都到厦大校本部上课，不在鼓浪屿了，但直至如今，原日本领事馆仍然是厦大的教职工宿舍，很多厦大教职员工长期定居在鼓浪屿岛上。厦大的许多教师、教师家属和毕业生也在岛上的中小学兼课从教，厦大的校友还在鼓浪屿办起了"厦大校友中学"。厦门大学与鼓浪屿的这段因缘，改善了岛上的阶层结构，也把厦大的"大学文化"带进鼓浪屿。

以上诸多因素的叠加和累积，形成了鼓浪屿特有的教育文化生态，因此使不同阶层家庭出来的人逐渐趋同，形成一种共有的"鼓浪屿气质"。

对鼓浪屿人特有的气质，前文曾谈到厦门二中老校友张乾二院士有过精彩的概括。牛何之老先生也对在那种教育生态中陶冶出来的鼓浪屿人做这样的描述："男士是昂藏、洒脱而敬业、勤谨，女士是修整、大方而喜乐、恬静，一群群男女青年学生走在街上就是一道道显得超凡脱俗的风景线。这是真情的流露而非对英国绅士、淑女贵族气派的仿真。"的确，从那种教育生态出来的鼓浪屿人具有"善良、本分、热心，没有太多的壮志雄图，但执著于自己的追求"的个性，他们"自重而谦卑，进取而节制，开朗而矜持"。牛老先生还认为，鼓浪屿人"基调是保守的"。不错，鼓浪屿人求稳，少点冒险精神。他还认为，离开鼓浪屿，进入不同的天地，鼓浪屿人就"经不起碰撞"，是否如此，还是留给鼓浪屿人自己去回答。

我们讲鼓浪屿家庭教育的趋同，并不意味着鼓浪屿的每个家庭都唱着同一个"样板戏"。我们在这里讨论"鼓浪屿气质",也不是说鼓浪屿已是《镜花缘》一书中描绘的"礼乐之邦"君子国,人人都是谦谦君子,撞上电灯杆都会道声"对不起"。鼓浪屿毕竟还是存在于现实世界里。我们讨论的是在鼓浪屿特有的教育文化生态中养成的共性的一面,其实,正如俗话所说,"一种米养百样人",鼓浪屿人一样有千差万别的个性和多样的人生轨迹。

## 四、独生子女时代突出了"家长教育"

解放后,鼓浪屿的社会生态发生巨大变化。岛上颇有特色的家庭教育,与社会天翻地覆的变化比虽然滞后一点,但也逐渐与岛外的其他地方趋于同质化。不过,上世纪80年代进入"独生子女时代",对家庭教育施教者的教育——"家长教育"引起全社会关注,成为具有时代特色的一件事。鼓浪屿在这个新课题上做了一些有益的尝试。

上世纪80年代,是改革开放的时代,国强民富初见端倪,社会渐趋多元化。摸着石头过河,一些负面的东西也无孔不入让青少年迷茫。上世纪80年代的另一个特点是,开始了独生子女时代。家长们望子成龙,望女成凤,急功近利,拔苗助长。这一切让学校的"正面教育"事倍功半,黯然失色,鼓浪屿教育原来"家、校、社教育取向一体化"的传统遇到前所未有的挑战。

首先急起来的是学校。先是通过"家长会"提出希望家长们配合的事项,后就成立了"家长学校",加强了对家长"怎样当个好家长"的教育、"科学育儿"的教育、"家校配合"的教育。

这种教育,德国叫作"双亲教育",台湾叫作"亲职教育",俄罗斯叫作"家长教育",我们比较主张叫"家长教育"。因为我们现在面临的家庭是"421"结构:"4"为内、外祖父母,"2"为父母双亲,$4 + 2 = 6$宠着"1",所以该接受教育的是所有"长"字辈的"6"们,而不只是双亲"2"了。而台湾"亲职教育"的提法，我们感觉似乎没提到点子上。"亲"者，"责"也，"能"也，非"职"也。对于诸"亲"们，当前应强化的是当长辈的责任，还有亲子、亲孙的科学性。

其实，对家长的教育解放初就有过，只是侧重点不同。建国初期，鼓浪屿妇联协同教育部门推行的"家长教育"，主要是宣传宪法，开展保护儿童权益的法制教育。尤其是宣传男女平等观，保护家庭每个子女（特别是女童）平等享受教育的权益；是帮助父母树立正确的婚姻观念，保证家庭的和谐，使子女在安定、和谐的环境下健康成长。

当今社会剧烈的竞争和独生子女政策，使得家长们在家庭教育中的角色变得更具有挑战性，"家长教育"的侧重点也有了变化。

80年代的家长中，多数是曾经失去读书机会的"'文革'的一代"。鼓浪屿"'文革'的一代"，很多是原来的"世家底"或知识分子家庭，上山下乡返城后很多当了普通工人、一般职员，后来多数又下岗，所处社会阶层向下流动，心理反差很大。这样的家庭，父母所失去的社会地位迫切期望通过下一代的成功来重新获得。下一代改变命运的途径当时唯有读书，教育成为那个年代家庭奋斗的中心。因此，改革开放初期，鼓浪屿的教育文化生态是：家庭里，"万般皆下品，唯有读书高"，孩子读书也努力；社会上，牺牲其他各育，突出智育的风气开始盛行。

90年代以后社会的演化，竞争愈来愈剧烈，两极分化越来越严重，一部分家长带着怕"输在起跑线"的焦虑不知所措，心浮气躁，家庭教育因此充满了"虎妈"们无所不用其极的火药味。鼓浪屿教育原来"重基础"、"顺其自然"、"慢的风格"失去了社会和家庭的支持。

后来，社会结构渐渐"定型化"，阶层之间的流动减少。"要致富，靠暴富"，"读书无用论"重新抬头，又使教育贬值。一些原期望靠教育改变命运的低层家庭放弃"读了也没有用"的教育，炒股、彩票、赌博成了家庭奋斗的中心，不劳而获的投机和一些家长的恶习，反而成了孩子在家中耳濡目染的"活榜样"，成了另类的家庭教育。

因此，改革开放后越来越多人认识到，家庭教育放任自流不行，"优化家庭教育"非常必要。而要实现这个"优化"，对家庭中长辈们的"家长教育"，成为必不可少的前置条件。这个时期"家长教育"的侧重点放在"家长自身教育"和"父母如何科学地教育子女"两大范畴，即对家长实施"家长职能与本分"的教育和"家庭教育理念与方法"的教育。

上世纪80年代开始，鼓浪屿就已经将"家长学校"作为学校开展家长工作和公民素质教育的有效渠道，在鼓浪屿各小学校办起来了。他们定期聘请讲师到"学校"对家长们开讲座、做咨询，在家长中推广科学的"家庭教育"新理念。他们利用节假日举办的咨询活动，还将咨询点设到了轮渡等地方，为更多的家长服务。人民小学为此还获得全国首届优秀家长学校称号。

90年代，全国妇联、国家教委颁发《全国家长学校工作指导意见》，提出了办好家长学校，提高家教水平；加强指导管理，提高办学质量；建立评估制度，巩固办学成果等四条意见，鼓浪屿认真落实，极大地促进了"家长学校"的蓬勃发展和规范，促进了"家长教育"水平的提升。

鼓浪屿成为国家的"社区教育实验区"后，由区政府出面统合学校教育、家庭教育和社会教育，致力构建终身教育的学习型社会。岛上"家校社三结合"的优良传统因此提高到了一个新的层次。

以关工委的"五老"为主要骨干的社会各方面力量，协助学校抓好未成年人学生校外思想道德教育，为未成年人健康成长营造良好的社区和家庭环境。一批离退休的教育专家站到了鼓浪屿

"家长教育"前沿，到社区和各个中小学、幼儿园的家长学校讲课、指导。

街道、妇联积极介入"家长教育"，也办起了社区的"家长学校"，每季度请区关工委讲师团成员讲课；创办了《家教小报》，每季度一期，分发到各家各户，把教育覆盖到每个家庭；利用街道固定宣传栏，每季度出一期家教知识专题板报；在街道市民学校创办鼓浪屿街道心理健康教育咨询站，组织专业人员定期为家长、学生免费提供心理健康咨询服务。

学校也主动"出击"。日光幼儿园各班坚持每月进行一次家长开放日活动，班级及时更换家园联系栏内容，使家园教育同步。在人民小学化雨楼举行的家长学校"卫生保健专题讲座"，话题新颖实用，深受家长欢迎。厦门二中将"家长学校"办进了社区，成了社区和学校共建活动的新亮点。

在学校教育、社会教育和家庭教育中，家庭教育是一块比较弱的"短板"。鼓浪屿形式多样的"家长教育"，有效地提高了家长们的素质，提高了家庭教育的科学性，使原来各家随心所欲的家庭教育增添了些许理性色彩，为"起始于家庭、形成于学校、完成于社会"的终身教育体系各环节"价值取向"的统一，打下了良好基础。

## 第五章

# 千枝百干尽芳菲

## ——鼓浪屿的教育特色

　　说起百年鼓浪屿教育，她的"开风气之先"的开拓精神，她的兼容并蓄的"包容性"，她的家庭、学校、社会"教育取向的一致性"，"质的特色"令人印象深刻。鼓浪屿教育的几个"领域特色"也是厦门教育的骄傲。

　　鼓浪屿教育在音乐、足球、英语领域的特色大家听说的比较多，留在历史上的"女学"和职业教育，大家可能就比较不了解了。这里向各位逐一介绍鼓浪屿教育这五个领域的优势，介绍由这五个领域体现出来的鼓浪屿教育文化的特色。

## 第一节　开风气之先的女学

　　19 世纪 40 年代，西方传教士刚踏上厦门的土地，"厦门只不过是个附近更重要城市的外港"。中国数千年封建社会"男尊女卑"的陈腐礼教，不把女子当人看，杀死女婴的行为在当时的厦门十分普遍。1846 年 1 月抵厦门的英国传教士施美夫当时的所见所闻，令他非常震惊："穷人家的女婴一出生，通常四个中有两个会被立即杀死", 而且"在他们看来, 这种做法与犯罪根本无关"。生命都如此不值钱, 更谈不上受教育的机会了,"女子无才便是德"的观念根深蒂固。

即使是经过"戊戌变法"冲击, 在近代新学兴起之时女子受教育的权利仍受到限制。光绪二十九年(1903)的《奏定学堂章程》说:"少年女子断不宜令其结队入学, 游行街市, 且不宜多读西书, 误学外国习俗, 致开自行择配之渐, 长蔑视父母夫婿之风。故女子只可于家庭教之, 或受母教, 或受保姆之教, 令其能识应用之文字", 女孩子只能在家自己教, 而且"不宜多读西书", 怕她们接触西方文化后会变"坏"了。

所以, 19世纪70年代西方传教士在鼓浪屿创办"女学", 尽管最初的动机是为了传教, 但不可否认这是一场革命, 打破了几千年封建社会不把女子当人看的社会劣习, 让广大妇女走进神圣的教育殿堂, 首开女子教育风气之先。

## 一、从宗教到"世俗", 从小学到中学

鼓浪屿历史上的女学有两类, 一类是与基督教传教士的传教紧密联系的"读经班"、"圣经识字班", 属于"非学历教育"。另一类就是正规学历教育的"女子学校"了。就是后边这类学历教育的女学, 当初也很多是从非学历教育的识字传教起步的, 后来才逐渐"世俗化"为正规的学校。

可见, 鼓浪屿女学之兴起, 与西方传教分不开。传教士们认为, 基督教要进入中国家庭, 必须先引导妇女皈依上帝。然而, 他们发现, 中国妇女的文化程度极低, 大多都不识得字, 根本无法跟着一起读经习道, 也难理解"道理"。为此, 传教士们在传道时, 先"扫盲", 先教这些妇女识字。一些具有学塾性质的"读经班"、"圣经识字班"就这样应运而生。

1870年, 美国归正教会打马字牧师的夫人在厦门开办了一

怀仁女学于 1900 年在乌埭角建的校舍

所读经班形式的女子学堂。1871 年，这所女子学堂到鼓浪屿搞了一个"教学点"，在鼓浪屿最早的教堂"协和礼拜堂"组织"圣经识字班"，教鼓浪屿的妇女识字、读经。这个识字班，是鼓浪屿有史料可查的最早女学。可见，早期的女学以"识字"为主，而且识的"字"是传教士发明的"厦门白话字"。目的也很明确，是为了"读经"，具有鲜明的宗教目的。另一个特点是教育对象以参加礼拜的已婚成年妇女为主，用现在的话说属"非学历成人教育"。

这种为传教服务的"非学历成人教育"也有独立成校的。打马字牧师的大女儿清洁·打马字姑娘（人们称她为"大姑娘"）就曾在鼓浪屿田尾办了一所"妇女福音学院"(又叫田尾妇学堂)，专为婚后妇女信徒而设。学员的就学年龄相差悬殊，最年轻的 20 岁，最老的 70 多岁了。其中相当一部分来自漳州、同安和厦

毓德女中的课间活动

门郊区，都在学校住宿。这个"妇学堂"直到1939年才停办。

为了破除中国方块字难学的障碍，打马字牧师1850年就着手开发一种新工具——厦门"白话字"（当地俗称"罗马字"），用字母拼音的办法跳过识方块字的难关直接"读经"，而且是用厦门的方言去读，不识字的百姓一听就懂，效率大大提高。

渐渐地"识字班"这种形式的女学，不能适应形势发展的需要。于是一些宗教色彩逐渐淡化、"世俗"课程相对规范的女学开始出现了，而且把教育重点转向学龄女童，学习内容也不仅是识字、读经的非学历教育了。鼓浪屿岛上，最先出现的"乌埭女学"（当地人亦称"红毛女学"）和"田尾女学"（当地人亦称"花旗女学"），是两所西方教会办的女子学堂。

1877年，英国长老会倪为林牧师夫人和吴罗宾牧师夫人募资在鼓浪屿乌埭角建校舍，创办具有初等教育性质的学校，专收女生。这所学校因校址在乌埭角，所以叫"乌埭女学"。这是西洋人在鼓浪屿办的第一所女子新式学堂，西洋白人在当时的厦门人眼里，统统是"红毛番"，所以这学校也被称之为"红毛女学"。

另一所新一代的女学创建于1884年。1880年美国归正教会打马字牧师夫人在厦门开办的女子学堂毁于火灾。她的二女儿马利亚·打马字姑娘将其迁到鼓浪屿。1884年，美国归正教会在田尾路购置土地，建筑校舍，故马利亚姑娘接办的这所女学被称为"田尾女学"。又因属于美国归正教会，所以人们也把它称为"花旗女学"。

在那时，人们对女子接受教育尚有许多偏见，"做父母的人都不明白，有许多人以为女儿念书是逗她玩耍而已，也有许多人怕她变做骄傲和懒怠，不理家中的事务，又有因为校规禁缠足，禁学生和世俗结婚，也有许多人不敢令他的女孩子来就学，女孩子也很多啼哭不愿来"。为了让更多的女孩就学，教会为学生提供免费就学、食宿，还给学生发放衣服和日用品，吸引贫穷人家的女孩入学。

这两所新女学，力图按西方小学的模式来办学，不过万事开头难。开办之初，学科甚少，仍以传教、教读《圣经》为主，把引导她们信仰基督放在首位，兼学其他课程，如地理、算术、缝纫、家务经济等。随着办学的逐渐规范，宗教色彩才逐渐淡薄下来。

当时未有国文课本，课本皆罗马白话字，而且读的是"厦门音"，用厦门方言上课。不但宗教之书用白话字，甚至地理、生理等亦为白话字。为加强对汉字和词汇的教学，1902年，仁力西姑娘与马利亚·打马字姑娘合作编写《字汇入门》，分上下卷，按由浅入深之法编写。每课五六个新汉字，编成语句，且于汉字旁边，注罗马字音解，使人易于学习。汉语词汇的教学就用这自编的"校本教材"和独特的教法上课，这其实是自创了一套"汉

怀仁女校全体师生 1939 年

语拼音"法。

汉语学习，始读《三字经》、《四字经》、《初学阶梯》，继则每礼拜一二次读古文《四书》，只识意义，不重文法，以至学生六年后离校，汉语程度不及其他学校的毕业者。这些当然都是开办初期的情况。逐渐规范的学历教育"学校"的雏形，使这两所学堂代表"世俗化"了的新一代女学而渐露头角，招生范围扩展到厦门甚至整个闽南 。

女子学校培育出的学生，多数成为闽南基督教会的牧师、传道师、教会学校的教师、教会医院的医生护士和男教徒的夫人，以后又是无数年青教徒的母亲，因而加深了基督教对社会的影响。所以教会的女子学校一定程度上成为"传播福音"的摇篮，难怪英美教会对女子

怀仁女校学生宿舍

学校的办学成绩很满意，积极图谋发展。

　　开办之初，乌埭女学仅有学生 24 人，是由安海、石码、长桥、白水营、厦门港、鼓浪屿等地教会送来的，年龄由 7 岁到 15 岁不等。田尾女学开始也只是一个两级制近似小学的女子学校，以招收漳、泉乡村女学生为主。经过努力，这两所女学越办越好，吸引的学生越来越多，据说今日漳州路的地名，就是因当年漳州来的女生聚居在这里而得名的。

　　1900 年，乌埭女学主理仁历西因学生增多，校舍不足，再次募捐，择新址于永春路建校舍（即在今人民小学范围内）。学校规模扩大，并进行分班教学，内设师范班。人们为纪念这位 1906 年逝世的学校规范化建设的奠基者仁历西，把校名改为"怀仁女学"。1914 年校内的师范由"班"变"校"，办成旧制师范（初中程度）。1930 年夏，增设初级中学普通科，次年停办旧制师范科。这样，怀仁女学形成了小学和中学两部分。

　　另一所女学"田尾女学"，也是从小学办起，最先学生也只有 18 人，到了 1894 年则激增近 200 人，学校还增设了两个附属的师范班。当时这种"小学戴帽初等师范"的模式好像很时髦，常常是兼办普通中学的一种过渡。1886 年，田尾女学更名为"毓德女子学校"。1920 年 9 月毓德女学原有两个师范班改习中学课程，1921 年又在两个师范班的基础上进一步拓展为四年制中学，毓德女学形成了毓德女子小学和毓德女子中学两部分，行政上不相统属，分别办学。1925 年，寻源中学迁往漳州，毓德女子中学搬迁到寻源在东山仔顶的校舍，漳州路的校舍则留给小学使用。

解放后，这两所西方教会背景的女子学校被人民政府接管，1951 年两校合并，改为"鼓浪屿女子中学"，1952 年 4 月又改为"厦门女子中学"。在新中国温暖阳光的照耀下，厦门女子中学继承了毓德、怀仁两所"女学"纯洁严谨的校风、德智体美四育并进的校训，实施教学改革，推进品德教育，注重知行结合，以其优秀的教学质量和丰富多彩的校园文化生活，哺育着每一位巾帼学子。

1959 年 4 月，厦门女子中学与厦门第二中学合并，通称"福建省厦门第二中学"，成为福建省的一所重点中学。原来"英华"校舍作为初中部，"毓德"校舍作为高中部。从此，鼓浪屿结束了女子学校单独办学的局面，实行男女同校。"女学"成为了一种记忆而留在鼓浪屿的教育史之中。

## 二、中国人也办女学

20 世纪初的鼓浪屿，不但有西方教会办的女学，中国的新型知识分子也把教育的眼光投放到妇女的教育上，出现了国人自办的女学。

国人在鼓浪屿兴办的女学，最早的是光绪三十二年（1906年）创办的厦门女子师范学校，发起人为陈宝琛（字伯潜，号弢庵，福州人。清翰林院侍讲，礼部侍郎，出任过山西巡抚，当

女中文艺活动

过末代皇帝溥仪的老师)。当时,陈宝琛督办漳厦铁路,感到我国女学幼稚,乃邀集厦鼓名流士绅林庆纶、周之桢等人为校董,创办女子学堂。

这所女子学堂初名"高等女学",嗣改"厦门女子师范学校",当地人习惯称之为"上女学"或"海滨女子师范学校"。

之所以有一个"上"字,据说一是学费高出他校一倍以上;二是表示该校是为上等阶层的小姐而设,和教会初期办的慈善性质的女学相比,能交得起这所学校学费的确实要上等阶层;三是主修中文和英文两科,而且以英文为上,中文为次。但还有另一说法,认为应是"尚女学",即高尚、高等的意思。我们以为,"尚"可能是"上"的雅字。不论是"上"还是"尚",都是她的初名"高等女学"中"高等"的意思。

"上女学"的校址最早在鼓浪屿的南端漳州路 18 号（现为"中央音乐学院鼓浪屿钢琴学校"所用），后迁四丛松宫保第，再迁至港仔后周之桢宅，后来又再迁回原来的地方。因为都近海滨，所以校名上也见"海滨"两字。

首任校长为林庆纶校董的母亲陈静仪女士，次任校长为林祖密的母亲林本杨女士，闽南宿儒鄢铁香、贺仲禹等曾是这所学校的教师。除鼓浪屿和厦门外，漳州、泉州、莆田等地的一批批有志女青年和名门闺秀，也来此就读。近处的学生可以走读，远道的学生可以寄宿。它培养了林巧稚、周淑安、黄潜（墨谷）等有名的女专家、女学者。

林巧稚是我国著名的妇科专家，大家比较熟悉。在女师读书时的林巧稚很喜欢打篮球，她身材不高，但跑动灵活，训练刻苦，是学校篮球队队长。周淑安是民初我国第一批 10 名公费留美女学生之一，毕业于哈佛大学拉德克利夫女子学院，又在美国多所名校进修音乐和音乐教育，回国后成为我国现代音乐教育的先驱。黄墨谷考入厦门大学，长期从事词学研究，是我国研究南宋女词人李清照的权威，中央文史馆馆员。可见鼓浪屿的这所女子师范，不愧是闽南才女的摇篮。

民国初年，厦门女子师范学校的经费除了校董资助外，因为是"师范类"学校，尚有省教育司经费补助。1918 年，厦门道尹汪某，以女师有革命嫌疑，呈报省教育司停给补助，各校董亦因而星散，所有经费，便由周之桢校董独负筹措之责。维持到 1927 年，兴办了二十余年的女师，便不能不因经费拮据而拟告停办。在这关头，该校董事长黄廷元向华侨巨贾黄奕住求援。黄奕住慨然同意以每年万金的经费，维持办学。1930 年，黄奕住接办女师，改为附设了小学的普通中学，广聘校董，改组校董会，并以其母亲的名字将校名更为"慈勤女子中学"。

黄奕住接办这所学校后，聘请姻亲林尔嘉的第四个儿子林崇智为首任校长。黄奕住又将学校迁回原"上女学"旧址——倚山临海、榕树掩映的大德记校园。除整修原校舍外，又在操场的下坡处新建一幢三层楼的校舍。学校扩大了办学规模，中学部招收的全是女生，而小学部则男女兼收，但以女生为主。

慈勤的教育方针，是在共性的"公民"教育的基础上，予"女性"以特性教育。在共性教育方面，着重施予学生品性教育，养成健全人格；在特性教育方面，施予适合女性的职业教育，使得学生毕业后有一技之长，适应家庭生活以及社会生活。

从学校当年专门写给女生唱的学堂乐歌《体操》，我们可以看到这所国人自办的女学，其教育还保留着几分中华民族的自尊：

娇娇这个好名词，决计我们不要。我既要我学问好，我又要我身体好。操操二十世纪中，我辈也英豪。

娇娇这个好名词，决计我们不要。弗怕白人那样高，弗怕黄人那样小。操操二十世纪中，我辈也英豪。

娇娇这个好名词，决计我们不要。我头顶天天起高，我脚立地地不摇。操操二十世纪中，我辈也英豪。

歌词激励女生们积极做体操，勤锻炼，不当娇小姐，有了健康的身体，才能有健全的人格，也才有中国人的自尊。

1938年，日本侵华军队占领厦门之前，黄奕住先生离开鼓浪屿，该校停办，其校舍借给同年由厦门迁至鼓浪屿的同文中学上课。办学三十余年的慈勤女学宣告结束。

除了慈勤女学外，在20世纪的鼓浪屿还出现过另外两所国人自办的女学，一是明道女学，一是思明女学。明道女学开办于1910年以前，校址在岩仔脚（今晃岩路），大约开办了一两年，即于1910年停办，没有留下多少历史资料。停办后，其校舍租给养元小学作为学生宿舍。

1925年前后，原鼓浪屿思明中学校长在和记崎（八卦楼对面）择址开办思明女学。这所学校因生数不多，经费得不到着落，收支不敷而关门。

## 三、女学与"女性解放"

封建社会里"女学"的出现，本身就是中国女性解放的重大事件。在中国的传统社会，教育仅仅被作为男人们竞晋国家官僚的一种训练，女性被排斥于正规教育系统之外，局限在家庭中识几个字，学点女红什么的，接受"三从四德"的伦理道德规范教育。西方传教士为了传教先扫盲，办起了"女学"，而且传播的"上帝面前人人平等"的信条，对"男尊女卑"的封建礼教无疑是一个革命性的冲击。鼓浪屿小岛上女学如此集中，所造成的冲击之大其他地方不可比拟。

鼓浪屿的女学从诞生起，还与女性解放的另三个事件紧密联系在一起。一个是"被弃女童"的教育，一个是戒缠足，再一个是开女子体育之先河。

毓德女中的体操活动

毓德女中运动员于 1934 年代表厦门征战省运动会

　　封建社会的民间，长期以来重男轻女，出生的女婴被杀被弃者甚多。西方传教士办起"怜儿堂"收养弃婴和孤儿。女学担负起被弃女童的教育任务。当年教会在鼓浪屿田尾办的"怜儿堂"收养的女童，先入蒙养堂教养，再入田尾女学或怀仁女学就读，一步步培养成为基督教社会服务的人。

　　女学在破除女子缠足封建陋习上的历史作用也不能抹杀。自宋代开始经历元、明、清，中国女性"以缠足为贵，天足为贱"，渐成祸害女性之陋习。西方传教士本着"上帝生人，不分男女各予两足"的平等理念，率先在教会女学里发起"放足运动"。据史料载，1870 年美国打马字牧师娘初到厦门办读经班形式的女学堂时，就把女生一律不得缠足作为一项严格的校规，开"戒缠足"的风气之先。

解放了双脚的女学生，可以与男孩子一样奔跑欢腾，精神面貌为之一变。新面貌的女生对校外的女孩无疑是一种莫大的感染和鼓励，成了中国女性勇敢地走出传统、寻找新生活的榜样。"1874 年在厦门的英国传教士发起成立厦门戒缠足会，就有 40 名女性签名加入，到 1891 年则超过 1000 人"，这与女学的学生们带的好头分不开，社会风气随之日益开化，放足、抵制缠足终见盛行。

体育课是新学堂区别于旧书塾的标志性课程之一。对女性解放而言，体育课还有更重大的意义。

为戒缠足，女学积极开设体育课，有意识地借体育活动让女孩们亲身感受小脚的不便，认识缠足的危害，从而认同"天足"。没想到体育课竟然还完成过这样的"历史使命"，成了戒缠足的"情景教育"，"体验教育"。

女子学校开体育课还有另外一层意义。女学中的体育课，不但增强了女生们的体质，更重要的是培养起她们"男女平等"的意识和新女性勇敢、进取的人格，一改封建女子见人要逆来顺受、低眉顺眼、噤声回避的"小媳妇相"，与男孩子一样可以跑可以跳，可以喊叫可以笑，巾帼不让须眉。从历史照片上我们看到，当时的女学生穿着西式运动服装在大庭广众面前做操、比赛，这在以前是多么不可思议的大胆举动！所造成的视觉冲击、思想冲击可想而知了。

体育运动也由此成为鼓浪屿的几所女子学校毓德、怀仁、慈勤的传统优势，引领着厦门乃至整个福建女子体育发展新潮流。

1925 年秋，鼓浪屿女子学校就有女生参加在厦门举办的运动会，"差不多每四个参赛者就有一个是来自女子学校的学生"。而在"好几年前，厦门举办过一场运动会，没有一个女学生参加"（见何丙仲选译美国人德扬格著《归正教会在中国 1842—1951》）。

毓德女中蓝球队（1938年）

　　从毓德女中朱鸿谟老师1941年的回忆，我们看到1931—1936年5年间，毓德两次荣获厦门市中学的"女篮冠军"。1935年全闽运动会在厦门中山公园举行，毓德夺取了女子组总优胜，而且校女子排球队和网球选手代表福建省出征全国运动会。在二中校史的老照片中，我们可以看到1934年毓德女选手代表厦门市参加省运会的照片，也可以找到1935年毓德取得省运会排球冠军的照片。

　　我们还看到这样的史料，30年代侨居海外的毓德女中校友，加入菲律宾华人女子篮球队，横扫全菲无敌手。抗日战争期间，这些毓德校友所在的球队在南洋各地义赛，筹款支援祖国抗战，支援国际反法西斯斗争。国难当头，鼓浪屿女子学校的体育表现出自己的神圣价值。

　　小小鼓浪屿岛，岛上女学历史悠久，而且如此集中，如果再加上专收女生的职业学校，如幼儿师范、护士学校，岛上女学生的密度之大全国少见，鼓浪屿因此更加婀娜多娇，光彩照人。这些女学生来自鼓浪屿，来自厦门，来自整个福建，甚至连东南亚华侨都慕名把女儿送到岛上受教育　。鼓浪屿的女子学校为我国女性解放作出了历史性贡献。

# 第二节　音乐之岛的音乐教育

鼓浪屿，闻名遐迩的钢琴之岛、音乐之岛。当你踏上这个四季如春、风光旖旎的小岛时，阵阵琴声优雅。那灵动飘逸的音符，在红楼绿树间环绕，与天风海涛共鸣。

这个充满艺术氛围的小岛，曾哺育过周淑安、林俊卿、殷承宗、陈佐湟、许斐平等蜚声世界乐坛的音乐家、钢琴家，而又有多少鼓浪屿的儿女，在这音乐艺术的熏陶下，化育出独特的气质和无尽的创造力。

有人说，音乐是鼓浪屿人的 DNA。这个艺术的 DNA 是怎么来的？ 鼓浪屿的音乐教育功不可没。

## 一、鼓浪屿音乐教育的源起

鼓浪屿是个移民社会，宋代以降，以耕作为生的农民和内海渔民陆陆续续地从闽南各地来到这里栖居，渐而形成一个个村落。《鹭江志》载，清乾隆年间，鼓浪屿已是"田园、村舍，无所不备"。

其时的鼓浪屿人以渔农为生，生活不算富足，也无士宦之荣耀，但却有农耕文明的生活情趣。劳作之余，岛上的住民们三五成群聚在一起，吹拉弹唱，自娱自乐。街头巷尾、楼前厝角，飘荡着优雅的南音旋律。乾隆《鹭江志》里的"风清夜，仙宫月满，歌吹遍雕栏"诗句，给我们留下了当时的景致。适逢民间婚丧节庆，更是有浓郁闽南特色的乐队来热闹，用乐器演奏人生的跌宕起伏，一吐心中的喜怒哀乐。这种富有闽南特色的传统文化活动，直到 20 世纪 50 年代，我们还能在鼓浪屿岛上领略到。如今六七十岁的老人应该还记得，当年月明风清之时，在内厝澳的大厝埕、在仙祖宫的宫口前，《出汉关》、《孤栖闷》的幽咽旋律是如何地敲打着人们的心扉。应该还记得出殡唢呐锣鼓"依母依啊冬冬嚓"凄凉的旋律。

在西洋音乐还未登上这个富有诗情画意的小岛时，生活在这里的人们早已对本土的南音、歌仔戏等传统音乐一往情深。或许是长久地在天风海涛中受着闽南乐曲的熏陶，在西洋艺术随着传教士进入鼓浪屿时，鼓浪屿人能够那么一拍即合地将其包容下来。

西洋音乐进入鼓浪屿并在这块土地上传播，与基督教会的活动有着很大的关系。鸦片战争之后，西洋传教士来到了鼓浪屿，建教堂传播基督教。基督教的礼拜活动，唱圣诗是其中不可少的内容，鼓浪屿人由此认识了来自异国的西洋音乐。

礼拜堂组织唱诗班，每逢礼拜天和圣诞节都要大唱圣诗，到后来，又发展为"华人每月音乐会"，演唱《圣乐》。一些土生土长目不识丁的信徒们，依靠一本用闽南白话字写成的圣诗小册子，竟然也不知不觉地接受了西洋"美声唱法"的启蒙。因为伴唱圣诗的需要，西洋的乐器也传入鼓浪屿。1878 年，西洋乐器管风琴首次在鼓浪屿的英国人礼拜堂里落户。而后，风琴、小提琴等西洋乐器随之进入了鼓浪屿。时常耳濡着从礼拜堂里飘出的柔美优雅的圣乐，具有天然艺术感悟力的鼓浪屿人音乐水平日增。为提高唱圣诗的水平，教会的唱诗班进行识谱、视唱练耳等音乐基础技能的教授，以及运用四部和声的演唱形式来组织合唱。这些训练对于西洋音乐的普及起着推波助澜的作用。

西洋音乐真正在教会以外的全社会普及，还是得益于学校音乐课的开设。学校里的学生成为鼓浪屿最早接受正规西洋音乐教育的非教会群体。

在鼓浪屿的教会学校中，除了宗教课程和英文外，音乐（或唱歌）课是必修的课程。据美国的德·扬格所著《归正教会在中国 1842—1951》一书的记载，1890 年他在寻源书院的四年级必修课程中，就已看到音乐课，担任音乐教学的是"传教会的女成员中可胜任者"，并"相当用心于小学音乐教师和礼拜堂合唱队指挥的培养"。此后，创办于 1898 年的英华书院，创办于 1906 年的厦门女子师范学校，以及鼓浪屿的小学、幼稚园也都陆续开设音乐课。学校中音乐课的开设，为教会家庭和非教会家庭的学生提供了欣赏宗教音乐之外丰富多彩的"世俗"音乐的机会，为西洋音乐在鼓浪屿的普及打下了扎实基础。

学校的音乐教育比起教堂唱诗班来，不但受众面更广，而且更全面正规。不单是跟着哼歌，还学唱法，还学识谱，还分声部演唱，器乐演奏，特别是增加了音乐欣赏课的内容，有效地提高了学生的音乐鉴赏能力。学校还采取种种措施，如聘请外籍音乐教师来校教学、组织各种音乐社团、举办各种音乐演奏会、参加校内外的各种音乐比赛或校际之间的音乐交流等等，营造了良好的校园音乐环境，提高了音乐教学质量。

在 20 世纪 20 年代，钢琴家斯特拉敏戈登夫人（Mrs.Stella Veenschoten）和寻源书院的音乐教师乔治科思（George Kots）先生是致力鼓浪屿音乐教育和推广工作的两位外国人。

敏戈登夫人于 1917 年随其丈夫来到中国，在教会工作。她在教会学校从事音乐教学时，曾帮助毓德女子中学建立一支女子管弦乐队。在这支乐队中，敏戈登夫人巧妙地把中国乐器融合到西洋管弦乐队中进行演奏。敏戈登夫人为鼓浪屿培养出不少的音乐人才，我国著名钢琴演奏家李嘉禄教授就是她的学生之一。

科思于 1923 年至 1926 年在华工作，曾在寻源书院担任音乐

许十方 陈峰 著

教师。1925 年，他组织了一支有 20 件乐器的中国学生乐队，到教堂和鼓浪屿的公园献演，在社会上取得很好的反响。

## 二、"音乐之岛"的家庭、学校、社会

提起鼓浪屿这个"音乐之岛"，人们就会想到从这个小岛走出去的一个个音乐大师：中国现代音乐先驱周淑安，我国著名钢琴教育家李嘉禄，声乐家林俊卿，钢琴家殷承宗、许斐星、许斐平，指挥家陈佐煌等。一个小岛孕育出这么多位大师，使这个岛因"音乐"而名扬四方。

鼓浪屿之所以被称为"音乐之岛"，还因为岛上有众多薪火相传的"音乐世家"，因为有一岛热爱音乐的鼓浪屿人。鼓浪屿岛音乐生态的形成，得益于岛上家庭、学校、社会教育的"一体化"。

中国现代音乐先驱周淑安成长的经历很典型。周淑安于1894 年诞生于鼓浪屿的一个基督教徒家庭，父亲周之德是位受人尊敬的牧师。周淑安孩提时就显露出音乐天赋，在进入正规的音乐教育之前，她的音乐启蒙是在礼拜堂。周淑安跟着在教堂弹钢琴的二姐学认五线谱，学习弹琴和唱歌，由此培养起对音乐的浓厚兴趣。1907 年，周淑安考入鼓浪屿的厦门女子师范学校，有机会接触更多的西洋音乐。1908 年，清政府在厦门接待美国东方舰队的来华访问，14 岁的少女周淑安被安排在招待会上用英文领唱美国歌曲。她那动听的歌喉、准确的发音，令美国舰队司令额墨利刮目相看，赞叹不已。

在鼓浪屿，继周淑安之后而出的我国著名钢琴教育家李嘉禄，声乐家林俊卿，钢琴家殷承宗、许斐星、许斐平等，也都是出身于基督教徒家庭，在教堂浓郁的音乐氛围中走上艺术之路。

从这些大师的成长之路，我们似可以大略看出当时鼓浪屿家、校、社音乐教育"一体化"的脉络：

——社会。基督教会是岛上最强势的"社会教育机构"。礼拜时的唱圣诗是组织水平和"专业"水准最高的大众音乐活动。闽南"白话字"的使用，降低了文化门槛，为"大家唱"铺平了道路。鼓浪屿西洋音乐的兴起盖源于此。

我们还可以看到，基督教堂里的"唱诗班"呈梯次结构，从老年到儿童形成一个梯队系列，"大手拉小手"，保障了延续性和"可持续发展"。声乐家林俊卿小时候就是教堂里"儿童唱诗班"的小领唱，"童子功"过硬，长大后成为世界一流的男中音歌唱家。

鼓浪屿"第一代"音乐种子，如学校里最早的音乐老师、教堂的指挥、音乐世家的"鼻祖"，多数出自教堂的唱诗班。美国人德·扬格 1890 年就注意到，当时鼓浪屿的教会"相当用心于小学音乐教师和礼拜堂合唱队指挥的培养"。历史证明，这些做法确实是影响深远。

解放后，"音乐"仍然一直作为鼓浪屿的特色被社会所公认，所推崇。

——家庭。家庭在鼓浪屿音乐发展史上扮演着极其重要的角色。

我们发现，这个被称为"钢琴之岛"的鼓浪屿，钢琴首先出现在家庭。鼓浪屿的第一架钢琴，是菽庄花园主人林尔嘉（叔庄）1913 年从国外购置的，鼓浪屿的钢琴声首先从林家的窗户飘出。不久一些爱好音乐的富人家庭也纷纷购买钢琴，里面不排除有个别附庸风雅者，但这也说明在鼓浪屿，钢琴已经成为高雅的象征。据说鼎盛时期，鼓浪屿全岛拥有钢琴 300 多架。这样的"钢琴拥有密度"，无论是按地区面积平均还是以人口平均，不仅国内独有，就是到国际上也罕见。

我们还发现，鼓浪屿早期的西洋音乐爱好者多出现在"音乐世家"。在这些爱好音乐的家庭中，晚辈们受到长辈的影响，培养起对音乐的兴趣，继而进入对音乐的学习，一代影响一代，"音乐世家"就这样形成了。周淑安小时候是从在教堂弹琴的二姐那儿学五线谱和弹琴唱歌的。殷承宗是受他的几位会弹琴的姐姐影响而爱上钢琴。许斐平的钢琴启蒙老师是他在教堂司琴的母亲。家庭的音乐教育对音乐启蒙起着至关重要的作用。

我们认为，"家庭音乐聚会"，或者称"家庭音乐沙龙"、"家庭音乐 Party"这类自发的民间小型音乐活动，和"音乐世家"一起，是鼓浪屿所以被称之为"音乐之岛"最具价值的元素。注意，我们用的是家庭音乐"聚会"这个词，我们认为这比"家庭音乐会"更广义。一是"聚会"含义较广，既可以是正规的音乐会，又可以表示一种自娱自乐、互教互学非正规的方式；二是表示参加者不一定非是本家庭的成员不可，有时常常是一群志趣相投的音乐"发烧友"假某个家庭为聚会地点，又是即兴的吹拉弹唱，又是海阔天空地神聊，既切磋技艺，又交流感情，其乐融融。

最早举办大型家庭音乐聚会的是林尔嘉之子林克恭。林克恭擅长美术，兼爱好音乐。他于 1948 年 7 月在鼓浪屿创办厦门艺术协会，协会大约每半个月举办一次活动，邀请音乐界朋友来家做客，共襄音乐盛举。如 1948 年 8 月 2 日、3 日两晚在鼓浪屿林家举行的音乐会，节目有洪永明、林桥的钢琴独奏，林克恭、陈泽汉的小提琴独奏，勿拉索夫人、颜宝玲、郑美丽的女高音独唱，丘继川的男高音独唱，陈平权等的重唱等，廾创了鼓浪屿家庭音乐聚会的先河。后来大提琴手廖永廉、钢琴手阮鸣凤、男高音温绍杰等都在家不定期地举行过音乐聚会。而即兴式的小型家庭音乐聚会，更是经常在岛上的音乐家庭中出现。或偶然客人来访，或节假日的休闲时光，客人与家庭成员即兴地演奏高歌，自娱自乐。

家庭音乐聚会曾在"文化大革命"等政治运动中停止过，但很快地又恢复起来。80年代以来，岛上学习钢琴、小提琴、电子琴的学生很多，学校每年一两次定期举行以学习、交流和展示为目的的"习奏会"，邀请家长出席。有些授琴的老师仿照这种形式，召集自己的学生和家长到自己家里举行。这种以学习交流为目的的家庭"音乐习奏会"，实质上是正规音乐教育的一种延伸与补充。

不过我们认为，现在时兴一种专为外来参观者特别安排的"家庭音乐会"则应另当别论。在老鼓浪屿人眼中，这样的"家庭音乐会"有作秀之嫌，不过是用来装点已失去活力的音乐岛的"塑料花"罢了，并不具备产生音乐美、蕴育音乐家的教育文化生态价值。

鼓浪屿这种自发的"家庭音乐聚会"，还发展成岛上的音乐爱好者们相对固定的民间音乐团体，开展各种音乐活动。

1948年由林克恭发起创办厦门艺术协会就是一个民间业余团体，它的会徽由5个A组成，这5个A是"厦门"、"业余"、"艺术"、"全体"、"协会"等5个英文词的首个字母，体现了这个团体的宗旨。艺术协会定期活动，除了举办文化沙龙式的家庭音乐会外，该协会还有两个小型合唱团，一是由龚鼎铭指挥的三一堂教友合唱团，一是由崔月梅女士指挥的合唱团。该协会还热心为外来音乐家举行音乐会，如为国立音专小提琴教授尼哥罗夫（保加利亚人），声乐教授陈玄、李瑛等人分别举行过独奏、独唱音乐会。解放后，该协会因无人负责而自动解散。

1958年，由龚鼎铭出面组织了业余性质的鼓浪屿合唱团，参加者有女高音颜宝玲、彭永叔，女中音张佩琪，男高音温绍杰、翁文良，鹿礁小学校长朱鸿模，第二医院院长黄祯德和郑辉升等社会名流中的音乐爱好者，人数有50多人。该团活动坚持大约三年左右。

改革开放后，特别是近十年来，鼓浪屿民间的音乐团体再次活跃起来了，基于鼓浪屿的音乐底蕴，在全市同类民间音乐团体中鼓浪屿依然是佼佼者。

——学校。早期鼓浪屿的学校，教会学校多，女子学校多，中师类、幼师类的教育机构也没有断过。师范教育特别是幼师教育，会弹琴、会唱歌是师范生未来职业必备的基本功；而早期教会学校、女子学校培育出的学生，很多要成为闽南基督教会的牧师、传道师，教会学校的教师，司琴、指挥合唱也是他们必备的本领。吟诗弹琴还是修养"淑女气质"的功课。鼓浪屿岛上因此集中起对音乐有较高专业要求的学校，集中起一大批专业水平高的音乐教师和音乐爱好者。

鼓浪屿是我国近代史上最早引进西方学校课程的地方之一，音乐作为基础教育的必修课程在鼓浪屿普及得早，而且起点高，很早就有"外教"指导，很早就"与国际接轨"了。除了开设音乐课程，学校还编写校歌，组织课外音乐社团，举办歌咏比赛、器乐演奏等音乐活动，使鼓浪屿的校园音乐氛围益加浓厚。

鼓浪屿各校的校歌，如《英华中学校歌》、《毓德女中校歌》、《怀仁女中校歌》寄意深远，校训伴随着悠扬的旋律，陶冶了一届又一届学子。各年段各班级也有师生自己编词作曲的社歌、班歌。优良的校风、学风在浓郁的音乐氛围里得到激励和发扬。

活跃在校园里和社会上的学生艺术社团，是鼓浪屿学生综合素质养成的重要载体，也成为鼓浪屿学校教育的优良传统。

20 世纪 20 年代，鼓浪屿的中学都有校园的合唱队和小乐队。1921 年，在一场专为中国人举办的圣诞音乐会上，由厦门毓德女中 20 名少女和寻源书院 15 名少年组成的混声合唱引起了社会的轰动，人们还没有听过这么美妙的歌声！由此可见，当时鼓浪屿学校音乐教育已有相当的水平了。

"九一八"事变后，在抗日救亡宣传活动中鼓浪屿学生歌咏团走上街头，参加了民众救亡歌咏活动。当时连幼稚园的小孩子，都在音乐唱游活动时吟唱这样一首爱国儿歌："拿起枪，赴前方，为国保边疆；不怕死，不怕伤，冲锋上战场；要和亲朋重见面，凯旋高奏再还乡！"

解放前夕，英华中学进步学生在中共地下党领导下组织的歌咏活动，更是以歌声为武器，引导广大学生投身"反饥饿，反迫害，反独裁、反内战"斗争行列，迎接新中国的诞生。

新中国成立后，鼓浪屿的学校音乐教育坚持启迪文明素养，陶冶审美情操的教育目标，进一步发扬鼓浪屿教育的传统特色，使鼓浪屿继续以音乐名扬海内外。

## 三、再造"音乐摇篮"的努力

解放后，鼓浪屿原有的教育文化生态发生了巨大变化，岛上的音乐教育靠历史"惯性"继续滑行了十余年后渐渐失去了优势。以钢琴为代表的西洋音乐在

厦门音乐学校

"文革""破四旧"时首当其冲。

当时在中央乐团的鼓浪屿人殷承宗先生，在深入基层探索艺术为工农兵服务的实践中获得灵感，出了个让钢琴"洋为中用"的奇招，创作出钢琴伴唱《红灯记》，用西方的钢琴演绎中国古典京剧，使钢琴绝地逢生。他又和另外四位作曲家一起，根据冼星海著名的《黄河大合唱》创作出钢琴协奏曲《黄河》，由殷承宗本人亲自弹奏，这首以中华民族母亲河——黄河命名的钢琴协奏曲立刻响遍全中国，传遍全世界。钢琴，这西洋乐器中的"天之骄子"奇迹般地在中国严酷的"文革"中一炮走红。鼓浪屿"钢琴之岛"也免遭灭顶之灾。

上世纪 80 年代改革开放，百废俱兴，鼓浪屿再次想到了音乐，决心再造"音乐摇篮"。和上一次历史不同，启动这次"音乐摇篮"再造的不是宗教，而是教育；不是教会，而是学校。

80 年代初，鼓浪屿人民小学开始了素质教育的探索，构想了一个"三园式"办学：把学校办成"学园，乐园，花园"。在选取美育的突破口时自然而然想到了"音乐"，这可是鼓浪屿的传统优势。1984 年，人民小学办起了"音乐实验班"，目标是：对有音乐天赋的孩子提供专业的启蒙教育，对其他孩子则通过音乐教育开发智慧、陶冶情操。

经过"文革"的破坏，鼓浪屿"音乐之岛"已经徒有其名了。"文革"刚结束时候的鼓浪屿，教会在音乐上的"社会教育"已烟消云散；重音乐专业的师范类学校早就搬迁出岛；小学生的家长已经换成是"长在红旗下"的一代，家庭中"革命"氛围取代了音乐氛围，不少"音乐世家"断代；学校教育中的音乐教育与岛外学校比较，优势式微。尽管如此，"瘦死的骆驼还是比马大"。

人民小学"音乐实验班"首先依靠本岛的音乐人才，从教孩子弹钢琴、小提琴开始。久违的琴声又从鼓浪屿的老房深巷飘出，路上又走着提着琴盒夹着琴谱的学生。高雅的钢琴和小提琴，这些以前要富人家才能有的"旧时王谢堂前燕"，在教育改革的春风中"飞入寻常百姓家"，岛上琴的拥有量直线上升，创造了历史新高。"音乐实验班"的成就令慕名而来的中外客人惊讶。

在人民小学"音乐实验班"成功经验的基础上，我国著名音乐家贺绿汀老先生提议，1990年厦门市政府决定在鼓浪屿兴办"厦门音乐学校"。当时的厦门市政府聘上海音乐学院管弦系主任郑石生教授为首任校长，贺绿汀先生为名誉校长。"厦门音乐学校"的创立，一方面满足了鼓浪屿和鼓浪屿以外的孩子们日益高涨的接受音乐教育的需求；另一方面也结束了鼓浪屿音乐教育只能启蒙，而系统、正规的音乐教育都要外送培养的历史。从此，鼓浪屿的音乐教育翻开了新篇章。

办在鼓浪屿的音乐学校对音乐专业的要求从一开始就坚持高品位、高起点。聘用专业教师，眼界极高，非重点音乐院校出身的不要，很有一点鼓浪屿的"贵族气"。厦门音乐学校先后从外地引进了音乐院校的副教授、骨干教师，专业音乐团体的乐团副团长、乐队首席、优秀演奏员等多位专业骨干，正是这个"坚持"，正是这股"傲气"，一支专业精良的师资队伍逐渐形成。

此外，学校还经常聘请国内外音乐家来校指导，先后有来自美国、俄罗斯、法国、德国、加拿大、澳大利亚和北京、上海、沈阳等国内外专家、教授到校讲学，办"大师班"，提高教师专业水平，也直接指导学生演奏。我国钢琴大师殷承宗先生就不止一次到校指导，还特别关注教师的专业成长，参加该校专业教师的教研，亲自进行讲评。著名指挥家郑小瑛教授担任学校的专家指导委员会顾问，著名指挥家侯润宇教授、傅人长先生为学生乐团特聘指挥和艺术指导，厦门爱乐乐团的演奏员为学生乐团的指导教师。

1998 年，坐落于鼓浪屿东山顶的音乐学校新校舍落成。9 月 1 日，原来假康泰小学旧校舍上课的音乐学校小学部、初中部，全部迁入新校舍上课。次年秋季开始，新招收的中专部学生也都到新校舍上课。音乐专业课扩大范围，开设了钢琴、弦乐（小提琴、大提琴、倍大提琴）、管乐（长笛、双簧管、单簧管、小号、圆号、长号）、民乐（二胡、琵琶、扬琴、古筝）、声乐，发展至今达 20 多门，音乐门类更齐全了。

办在鼓浪屿的厦门音乐学校，不但吸引了全厦门对音乐有兴趣爱好的学生，泉州、漳州、龙岩甚至香港、台湾都有孩子慕名而来。从开办时的 100 多名师生，发展至今已有师生 800 多人。

由于学校里岛外学生多，其中不少学生年纪尚小，一些家长就在鼓浪屿租房陪读，使学校附近的房屋出租火爆。这也因此催生了岛上的三种新行业："授琴"业、"学生全托"业和"督琴"专业户。"督琴"业是由几位音乐学校校友的家长开创的，她们督自己的孩子练琴督出了成就和经验，干脆以此为业，独树一帜，为不能亲自陪读督练的家长们解决了一大难题。

厦门音乐学校一诞生就认识到，一个没有文化底蕴的学生是不可能成为出色的音乐人才的，一诞生就以其"突出音乐特色，注重全面发展"的鲜明特色引起海内外友人的浓厚兴趣和高度重视。英国、美国、日本、新加坡等国家和香港、台湾地区的许多专家、新闻媒体纷纷前来参观访问，并发表不少文章赞扬这所富有特色的学校。俄罗斯钢琴教育家鲁道娃说："在这小岛能有这样一批高水平的学生我感到惊奇。"著名钢琴教育家周广仁教授在参观学校后激动地说："我梦想中的学校就是这样的。"

厦门音乐学校学生的器乐演奏也成了厦门市接待贵宾、对外交往、展示厦门文化特色和教育成就的"保留节目"。

鼓浪屿这次再造"音乐摇篮"的努力中，唱主角的是学校，政府是后盾。

为提高鼓浪屿岛这"音乐摇篮"的专业品位，鼓浪屿风景区管委会经常邀不同流派的音乐大师来鼓浪屿音乐厅举办演奏会，厦门市政府也把"世界合唱比赛"等全球顶级的音乐赛事引到鼓浪屿，鼓浪屿为全国打开了一个"面向现代化，面向世界，面向未来"的音乐窗口。

2000年创立的"鼓浪屿钢琴节暨全国青少年钢琴比赛"，这个立足于文化培养和文化繁荣的钢琴节经过十年磨炼，已经成为由中国音乐家协会和文化部文化科技司牵头主办的国家级权威钢琴比赛，成为我国青少年一项顶级的音乐赛事，评委都是由著名钢琴家、教育家和作曲家组成。从鼓浪屿这个比赛走出的许多青年音乐家已经在国际乐坛上渐露头角。鼓浪屿的厦门音乐学校也走出了一批在北京、上海和国外音乐院校深造有成的八〇后青年音乐家，观念全新的一代鼓浪屿音乐人成长起来了。

## 第三节　足球之乡的百年魅力

在世人心目中，称鼓浪屿"音乐之岛"、"钢琴之岛"者众，而称鼓浪屿为"足球之岛"者鲜。其实，鼓浪屿岛上足球的名气应当不在钢琴之下。

一百多年前一群英国人把足球运动带到这里来之后，足球就成了这个小岛的一种传统，一种文化，一种追求，一种光荣。在鼓浪屿，你会感受到浓郁的足球氛围。在大街小巷，在厝埕屋后，时可看见追球奔跑的少年。翻开鼓浪屿六七十岁"老顽童"的记忆，都可以查到踢球打破人家玻璃窗的"不良记录"。在"岩仔脚"的人民体育场，在笔架山下的二中大操场，皮球在绿茵上跳动、翻滚着，在蓝天上划出漂亮的抛物线，引来疾奔的双脚和燃烧的激情。无论是绿茵上矫健的球星还是球场边观战的

"发烧友"，热爱足球的鼓浪屿人，都为之激动，为之疯狂。

足球运动成为一种文化，给鼓浪屿带来蓬勃的活力和阳刚之气，带来团队合作所向披靡的拼搏精神和高峰体验，也给鼓浪屿文化注入了"守规则"的元素。"老鼓浪屿"黄猷先生告诉我们，一些球场用语，如"outside"（出界），"偷抓鸡"（越位）等就经常被引申使用于日常生活中。也就是这么一种文化魅力，使足球和钢琴一起成了鼓浪屿传统文化的品牌。而这种传统，却是发端于学校，又在以足球为特色的学校体育中得以传承。

## 一、发端于学校，而且可能又是一个"中华之最"

足球，这是一项全世界为之疯狂的体育运动。"世界杯"比赛时万人空巷，男女老少都聚集在电视机前评头品"足"、欢呼呐喊，尽显其超人的魅力。厦门人称足球叫"脚球"，用脚来玩的球是也。

用脚玩的球，在我们中国可是有2300多年的历史，春秋时期就已经开始流行了。不过古时候不叫足球，而是文绉绉地称其为

ANGLO-CHINESE COLLEGE, AMOY. TRACK TEAM 1919.

英华书院田径队（摄于1919年）

英华中学足球队（1927年）

"蹴鞠"。"蹴"者，用脚踢的意思；"鞠"者，皮制的球。"蹴鞠"就是用脚踢的皮球，和"脚球"或"足球"一个意思。我国古代的球有用藤编成的，而"鞠"是用动物的皮革翻转过来缝制成球状，里面塞进一个动物的膀胱并充足气而成。所以"鞠"字从"革"，其实以前"球"字也有写成"毬"的，制作材料一目了然。

当然，中国古代"足球"有同现代足球不同的比赛规则。经过汉代的初步流行，到了唐宋达到高峰，蹴鞠比赛发展出多种方式：有专门比赛颠球的"打鞠"；有场地中间竖起三丈高的网、类似网式足球的"白打"；有多人参与拼抢的"跃鞠"；还有双边设立了球门、规定队员不能移动只能在自己的位置上用脚使功夫的踢法。

蹴鞠比赛不仅有了对抗性，还增加了观赏性，竞赛者入场需个人表演，表演动作有足踢，还有头、肩、臀、腹、胸、膝各部位的表演，球抛滚自如，绕身不坠。蹴鞠比赛不但用来锻炼身体，还成了训练士兵、考察兵将体格的方式。

看过《水浒传》的人都知道，宋徽宗是个"足球"迷，当他未当上皇帝还是"端王"时，一个偶然的机会

英华中学足球队于1941年首次进入"番仔球埔"踢球

让善蹴鞠的市井小混混高俅把滚到脚边的毬用一个漂亮的"鸳鸯拐"踢还徽宗，令徽宗惊叹不已。接着又应徽宗的要求做表演，高俅拿出浑身本领将毬踢得如鳔胶粘在身上一般，徽宗大喜将其收下，这厮便成为端王爷的玩伴。后来这个端王爷成了皇帝，高俅这厮也跟着走运，鸡犬升天，成了欺压百姓、把人逼上梁山的恶棍"高太尉"了。这位中国古代的"球星"在历史上却是臭名昭著。

有关足球的真正起源一直是学术界争论的话题。2004年5月8日，国际足联主席布拉特在参加亚洲足联成立50周年庆典活动时，向中国足协颁发"足球运动起源于中国"的象征性奖杯，中国的"蹴鞠"作为足球运动的起源被世界认可。而"现代足球"世界公认是1863年在英国诞生的。那年英国人在伦敦皇后大街弗里马森旅馆成立了世界第一个足球协会：英格兰足球协会，世界足球运动翻开了新的一页。

中国人在中国土地上踢现代足球，从可查的史料看，可以追溯到1880年前后。当时香港皇仁、圣约翰和拔萃书院三所学校

英华书院运动会

的华人学生在香港的学校里学着英国人踢起足球来，开始了中国人踢足球的历史。不过，由于香港在不平等条约下，当时还是英国殖民地，所以在未回归之前这个记录不被认可。

所以在中国是谁最先踢的现代足球，至今没有权威专家正式认定过。有一说是天津，但未见翔实的佐证。厦门的文史专家信心十足，他们认为这"中华之最"非我们厦门的鼓浪屿莫属！鼓浪屿岛上在1898年就有了最早的足球队，而且也是从学校里开始玩起来的。

厦门文史专家的依据有二。一是厦门足球界的老前辈、鼓浪屿英华中学1942届老校友邱玉岜先生的回忆。他于1988年为母校撰文，证明鼓浪屿英华书院系福建省开展足球运动最早的学校，"距今已有九十年的悠久历史"。当时往前追溯90年便是1898年，可见1898年鼓浪屿英华书院已经在比赛足球了，而这记录恐怕不只是邱老所说福建之"最早"了。

英华中学足球锦标队 1934 年

另一个依据更有说服力，这是厦门文史专家何丙仲先生在美国学者德·扬格的英文原著《归正教会在中国 1842—1951》一书中发现的。扬格在书中写道："19 世纪 90 年代后期，（厦门）当地的英国领事和'绅士们'提出在鼓浪屿的中学和蒙童学校设立板球和足球等运动以促进体育的发展"的倡议。书中还记述了当时的一份报告，对当时踢球的状况做了生动的描写，报告写道：

> 我不好说那些孩子们都是第一流的板球手或踢足球者，但我相信他们从这些运动中都得到了极大的乐趣——尤其是足球，同时也给旁观者提供了更多的娱乐项目。那"讨厌的球"（用脚掌）用力一踢，有时踢球者的鞋会飞到半空中，比球还高，你应该知道中国人的鞋子不像我们绑着鞋带。

从这些记述中我们可以看到，在 1898 年之前，西方的足球运动已经随着外国人的到来而进入了鼓浪屿，而且马上受到鼓浪屿孩子们的喜爱。在中国大陆，恐怕还没有比这些文字更早更翔实的记述了。所以这可能又是鼓浪屿的一个"中华之最"。

　　而鼓浪屿人的足球运动始于学校，这一点是无疑的。洋人早就在鼓浪屿玩足球了，而鼓浪屿人的足球运动最早是在厦门二中的前身英华书院兴起，这得益于足球爱好者的校长和教师。创建于1898年的英华，首任主理金禧甫和接任主理洪显理以及苏行三、王世铨、庄吉甫等教师，建校之初便同时组建了学生足球队，积极指导学生开展足球活动。足球成了厦门二中的传统一直延续至今，110多年长盛不衰。

## 二、长盛不衰的传统

　　厦门二中足球运动110多年长盛不衰，关键何在？

　　——球星与球迷，厚积薄发。

代表福建省出征大连"1965年全国少年足球对抗赛"的二中足球队

二中足球队获华东地区中学足球赛冠军（1984年）

　　先是足球进入了体育课，大受学生欢迎。学校则重点从"校队"抓起，从足球运动员的训练和培养抓起。每学期足球教练将运动员分成"虎"、"豹"、"狮"、"象"四队，每周三和周六的下午为训练时间，以防御、传递、掩护、冲刺为基础训练课程，训练出不少优秀的运动员。

　　在校足球队的带动下，一些爱好足球运动的学生，分别组织跨班级的"健华"和"协同"两个民间足球队。学生们也组织了几个班联合或者以班命名的足球队，如"闻籁"、"华辰"、"华羊"、"英群"、"英英"等，有如雨后春笋。这个"民间草根足球队"的传统延续至今，只是后来干脆连队名也省了。他们定期训练，经常比赛，交流经验，促进了足球运动在学校中的普及。

　　为此，学校开辟了一个标准的足球场，为群众性的足球活动提供了很好的环境，学校里的这个足球场也成了众多足球健将和裁判的摇篮。据说上个世纪五六十年代，福建省足球队半数以上的运动员都出自这个"摇篮"。

球星的出现同时催生出一大批球迷，这些球迷不但是球星们忠实的"粉丝"，他们本身也是足球运动迷，足球运动成了学校里最受学生喜爱、最"草根"的体育运动。

长期以来，鼓浪屿的中小学有这么一个最受学生拥护的"习惯"，体育课常会留出一段时间让男孩们"玩一玩"足球。每当这个时候，欢呼雀跃的同学们自发地分为两拨，你来我往对攻起来，好不热闹。每天下午放学后，足球场更是沸腾了，大大小小的民间球队都涌到足球场上，同时使用一个场地较量起来了。当数个球队同时进行对抗赛时，只见好几个足球在球场上飞来滚去，一大帮"赤脚大仙"在球场上追逐奔跑，你简直分不出谁与谁比赛了，只有那汗流浃背、满脸兴奋的球员才能找着他们自己的目标。这种热闹非凡的场景，几十年不变地持续着，成为这所

绿茵场上的二中足球健儿

中学的一道独特的风景线。

有这么雄厚的草根基础，根深何愁叶不茂？

——实战练兵，"在战斗中成长"。这是厦门二中百年足球运动的又一条经验。

解放前，经常有英美舰只进出厦门港。在英国，足球被视为"国球"，每艘军舰都有足球队，球技不赖，抵厦时常登陆邀英华书院的学生比赛。英华学生初生牛犊不怕虎，不计输赢重锻炼，在与欧洲先进足球王国英国水兵的多次对抗中，学到了许多踢球的基本功夫，诸如攻守战略之运用，整体严密之配合，及人盯人、控球步法、头球突击、盘球劲射、长抽短拐、随机应变等个人技术。在对抗赛中学习，胜似聘请外国教练临场示训。英华足球起点高，和一开始就敢与世界足球大国"试比高"是有关系的。有这种免费的"外国教练"，球队成长迅速，技高一筹就不奇怪了。

另一个办法是经常把队伍拉出去与强手对抗，实战练兵，"在战斗中成长"。1910 年，英华足球代表队刚组训成军，洪显理校长就带队出征泉州，与培元中学足球代表队进行友谊比赛。英华足球代表队初露锋芒，凯旋归来。迨后又远征汕头、福州等地，与当地友校进行友谊比赛，都获得优良战果载誉而归。

1920 年后，英华书院与福州鹤龄英华书院约定每年举行一次足球友谊比赛，轮流来往持续好多年。

1932 年厦门基督教青年会附属的社团"厦门联青社"，举办了厦门市首届足球赛，参加者多为社会上的足球名将精英，英华学生队这一群名不见经传、"没大没小"的毛头小伙子们，初生牛犊不怕虎，竟然踢得第三名。

1948 年英华高三年两个班去台湾毕业旅行，临时组成足球队，一路与台北、淡水、高雄等地中学足球队踢过去，竟然保持不败的记录，足见英华足球的草根功底十分了得。

由于敢与强手比高下，在实战中练就一身过硬本领，厦门二中的足球队愈战愈强，在"战斗"中成长为福建省中学生的一支劲旅。上世纪 60 年代以来，屡获全省中学生冠军，经常代表福建中学生出征华东或全国，战绩不菲。在厦门市更是所向披靡，80 年代至今已经是"十八连冠"了。

——拓展出系列，积淀成文化。

改革开放初期，历经"文革"沧桑的厦门二中，认识到学校特色对学校生存和发展至关重要，倍加珍惜自己的传统特色，欲借复兴足球传统，重振雄风。政府支持学校的这个想法。

学校自编了足球运动教材，列入体育课教学计划，"民间草根足球队"遍地开花的盛况再现校园。学校注意在普及基础上选拔足球苗子，抓提高训练。1984 年，厦门二中足球队代表福建参加在我省霞浦举行的华东六省一市传统项目基层足球赛夺得冠军，打响了"文革"后足球复兴的第一炮。学校的女子足球队也连连夺冠，踢遍厦门无敌手。厦门二中的足球迎来了新的春天。

随着鼓浪屿"原住民"的大量外迁，鼓浪屿岛上足球苗子越来越难觅了。大家想出两个应对策略来：一是"向下延伸"，在岛内的小学掀起"足球热"，足球训练从小学抓起，中学足球有了后备队。二是"向外撒网"，厦门二中争取成为福建省重点体育传统项目学校后，向当时的市教委申请，在全市范围内招收足球特长生，又在市教委和市体委的支持下在校内开办了市级的"体育班"，为厦门培养足球和航海体育后备人才。后来还在市教育局支持下开办了高中足球班，向全市招生，探索普通教育培养足球人才的途径。这两个策略确实有效地缓解了足球苗子后继无人的危机，保住了二中足球的领先地位，也为足球爱好者开辟了通往高等教育的新路子。

鼓浪屿在建构起纵向的小学—中学—大学的"足球教育链"的同时，又在社会上横向拓展。

　　1982年，一群从省、市足球专业队退役的二中校友和校友中的老足球迷们自发组成"厦门英华校友足球队"，并且常年坚持训练和比赛。这支元老球队是由解放后从二中培养出去的各届名将组成，他们周围平时又各自聚集了一批一起玩球的球伴，经常会师鼓浪屿。岛上两个标准的足球场：二中足球场和鼓浪屿人民体育场从此又应接不暇，鼓浪屿岛上的足球又再热闹起来了。

　　水到渠成，1989年在海内外爱好足球的二中校友大力支持下，"厦门英华校友足球俱乐部"宣告成立。二十余年来，这个民间的俱乐部成了复兴鼓浪屿足球的"草根指挥部"，不但成功地主办过"鼓浪屿杯"足球元老邀请赛，承办过在鼓浪屿举行的第十一届亚洲华裔"鼓浪屿"长青杯足球邀请赛，而且广泛联络海内外爱好足球的校友及球友，经常与到访厦门的国内外足球元老队进行交流比赛，也组队参加在海内外举办的各届亚洲华裔"长青杯"足球邀请赛，组队访问国内兄弟城市，南征北战，与各地足球宿将们结下深厚的友谊。1997年，俱乐部又把鼓浪屿新一代的足球新星组织起来，成立"英华青年足球队"，鼓浪屿百年足球运动注入新生力量，军威大振。

　　2008年，厦门市在鼓浪屿举行纪念厦门（鼓浪屿）现代足球运动开展110周年活动，鼓浪屿积淀了110年的足球文化的价值开始为世人所认识。


## 第四节　务实的鼓浪屿职业教育

　　厦门的职业教育，大家耳熟能详的是陈嘉庚先生在集美办的那些职业学校。其实职业教育在鼓浪屿起步更早，而且有自己的特色。

鼓浪屿救世医院护士学校学生（白桦供）

## 一、近代教育之始，职业教育很是时髦

厦门近代教育之始，能读上中学的人仅是少数，而且这中等学历常是这些幸运者中大多数的"最终学历"，他们毕业后就走入社会谋生去了。因此，与就业的"一技之长"密切相关的职业教育颇受欢迎。

开办于 1898 年的鼓浪屿英华书院，开办之初除了突出英文之外，在课程设置上也颇有特色。在设有公共课程的同时，设"科学"和"商业"两科供学生选读，用现在的说法叫作"普职兼办"。"科学"科显然是为继续升学者设的，而"商业"科就有明显的为就业做准备的职业教育取向。

选读"商业"科者，除了要修公共的英文和中文课外，还要学尺牍、英文簿记、速记和打字以及政治经济与商业的英语会话。由于专业技能实用对口，上岗就能用，因此毕业后不少人得以在海关、洋行、银行、邮政等"好单位"就业。公共租界时期，鼓浪屿就聚集了很多这样的"好单位"，岛上光洋行就有十家。与其他职业相比，这些可都是西装革履的"高薪白领"，这样的职业教育哪能不时髦！

那个时候能够读上英华的大多是富家子弟，所以这类职业教育可谓是"贵族"的职业教育了。从这里我们可以看出，当时职业教育在社会上地位挺高的，不是专为"被慈善"的下里巴人的孩子设的蓝领训练，连"贵族"都追求。

除了英华初期这种"普职兼办"的模式外，20 世纪初，西方教会办的教堂、西医院、新学堂在厦门、闽南、闽西布点扩展，需要大批本土的牧师、医生、护士和教师，鼓浪屿独立成校的职业教育因此得以兴旺起来了。

1869 年，美国归正教会在鼓浪屿安海路盖了一座楼，办了"回澜圣道学院"，就是为了传道、为培养中国人担任牧师而设的神学教育机构，可谓鼓浪屿岛上最早的"职业教育"了，早于英华书院的"普职兼办"。

这所神学院以学习圣经、圣诗为主，兼学汉文。1874 年，伦敦公会所属的"观澜圣道学校"也由厦门迁到鼓浪屿"乌埭角"，租民房办学。就连西方教会办的普通学校的初期，如浔源书院还叫"浔源斋"的时候，也把培养本土的神职人员作为重要的教育目标。这些神学的职业教育在基督教中国化的进程中，在教会神职人员的"队伍建设"中发挥了重要作用。

美籍荷兰人郁约翰牧师 1897 年来到鼓浪屿，创立了"救世医院"。1898 年一座两层砖建构的新院舍在鼓浪屿"河子下"海边落成。1905 年又创办救世妇女医院。为了培养本土的医学人才，1900 年郁约翰在鼓浪屿救世医院里创办起"救世医院附设医学专科学校"，学制五年，学生大部分来自浔源中学。郁约翰在世时，每周用 9 个小时亲自给学生上课。学习科目有物理、化学、胚胎学、组织学、生理学、解剖学、内科、外科、眼科、妇产科、小儿科、皮肤科、检验科等。学校很重视"实训"环节，学生每天下午上课，上午都要到医院各科室见习，救世医院成了医专学生的"实训基地"。鼓浪屿的这所救世医院附设医学专科学校一直到1932年才停办，共培养了6届毕业生共40名。

郁约翰还办过一个"护士之家"，目的是培养本地护士，特别是助产士，采取了在工作中手把手地教的"师徒式"培训。1926年郁约翰逝世16年后，救世医院在这个"护士之家"的基础上开设了闽南首家规范化的"护士专科学校"，这学校继承了重临床实践的传统，出师的学生动手能力和临床经验都很过关。鼓浪屿培养医生、护士的这两所专科学校的建立，不但解决了岛上医院医务人员紧缺的问题，还为外地教会医院输送了技术骨干。中国早期本土培养的西医人才，很多就出自这样的职业学校。

从这些例子我们可以看到，初期的职业学校还有这么一个特点，职业学校的"办学方"常常是"使用方"，常常是从解自家的燃眉之急开始的。正因为有这样的特点，毕业生就业都不成问题，因此颇受家长和学生的欢迎。

20世纪之初西学东渐，旧塾师被时代淘汰，新学兴起，能胜任新学堂教学的教师难求，培养教师的师范职业教育也在西式学堂林立的鼓浪屿兴盛起来了。

1901年，鼓浪屿怀德幼稚园为培养自己急需的保育员和教师，办起了仅有几名生员的幼师培训班，后来发展成怀德幼稚师范学校。1906年，培养小学师资的"厦门女子师范学校"（即"海滨女子师范"，慈勤女校的前身）在鼓浪屿诞生。有段时期，办师范很流行，鼓浪屿的很多普通教育的学校，如怀仁女学、毓德女学和"回澜斋"改成的"协和中学"，也都办起"师范班"，有的后来还发展成"师范科"。

我们查到一个资料，当时鼓浪屿协和中学的"师范科"学制三年，所开的课程有：圣经、教育学、地理、算术、中国官话（即"普通话"）、罗马语（就是"厦门白话字"）、音乐和操练，还挺齐全的。不知怎么就少了"图画"，这对小学老师可是一项重要的基本功。

鼓浪屿师范教育由于在提高学生文化水平的同时，很重视"师范性"，重视教师职业基本素质的培养，又熏陶出一种高雅的"鼓浪屿气质"，所以毕业生一出来便成了抢手货。小小的鼓浪屿长期云集了那么多的师范教育，鼓浪屿无愧于"教师摇篮"的称号，鼓浪屿为厦门、闽南、闽西甚至南洋近代教育的建立与发展作出了历史性贡献。

新中国成立后的 50 年代，整个厦门市小学、幼儿教育的"工作母机"——厦门师范学校设在鼓浪屿田尾，厦师附小、厦师附幼以及 1958 年升格的厦门师范专科学校，也都在鼓浪屿。鼓浪屿再一次担当起"教师摇篮"的角色，这一次培养的是新中国的教师。

鼓浪屿历史上还有一所职业学校不应该被忘记，这就是创办于 1925 年的"闽南职业学校"，一所平民的职业学校。

戊戌变法以后，在实业救国思潮的影响下，职业教育开始得到清政府的重视。光绪二十九年（1903 年）十一月，清政府颁布《奏定实业学堂通则》；光绪三十二年，学部进一步颁行《通行各省举办实业学堂文》，职业教育开始在全国兴起。辛亥革命以后，民族工商业的发展，更进一步推动职业教育思潮的发展。在鼓浪屿，一位执著于教育事业的有识之士也投入了职业教育的事业中，他就是时任鼓浪屿福民小学校长的叶谷虚。

当时的教育面临一个问题，就是普通学堂的毕业生，除少数富裕人家子弟可以继续升学深造外，大多数人要直接进入社会谋生。这些白面书生能有什么专门的技能本领在社会谋得独立的生活呢？叶谷虚校长想到了职业教育。1920年，叶谷虚决定在福民小学创办职业学校。此倡议得到旅菲华侨杨忠信等人士的支持。

1921年春，适有在广东学习藤工的林远峰回到厦门，叶谷虚便聘他为技师，筹集设备，在福民小学内附设"藤竹科"并正式招生，实业培训从"手工业"开始，这也符合鼓浪屿的岛情。第二年在内厝澳另租校舍正式办起了职业学校，定名为"福民职业学校"。这是一所相当于初中程度的"初级职校"，招收的是小学毕业生。

福民职业学校草创伊始，叶谷虚倾注一腔赤诚，想方设法筹措经费，并外出考察，学习办学经验。他在杨忠信的赞助下，到福州和江浙一带考察学习；应"中华职业教育社"黄任之博士（即我国职业教育的先行者黄炎培先生）之邀，到山东济南出席"中华教育改进社"年会，亲炙国内教育名流的鸿猷伟论，接触到当时国内最前沿的职业教育信息，深受启发和鼓舞。1923年元旦，他到香港募捐，得到韩玉堂、王少平、柯鼎元等人的帮助，一周就募得2400余元。

因为经费有了保证，1923年春，他租用了龙头的民舍，开辟了职校的"龙头校区"，开办了职业教育的第二个专业"印刷科"，并附设印字车间，兼营《道南报》，80多年前就已经有"校企结合"的实践了。接着，叶谷虚又到菲律宾马尼拉等地进行募捐，得到华侨朋友的支持，收获颇丰。

1922年国民政府教育部颁布了新学制，即"壬戌学制"。"壬戌学制"的一些新规定，对职业教育的发展具有一定促进作用。叶谷虚抓住机遇，于1925年将福民小学高小第三年级编为职校"商科"一年级，在龙头校舍开课，职校有了第三个专业。在校董会支持下，福民小学部校舍后面又筑造一幢三层楼的临时校舍，"龙头校区"得到扩大，成为学校的中心校区。

拥有内厝澳和龙头两个校区的职校粗具规模，校董会决定将学校更名为"闽南职业学校"，意在服务整个闽南。其后，闽南职业学校又先后添设"皮革科"和"女子职业部"，逐渐成为当时闽南颇具影响力的职业学校。1926年该校在校生达五百余人，正式分为商科、工科。商科设有簿记、会计、统计等专业，工科设藤工、印刷（附设印字车间，兼营业收费）等专业。这所华侨资助的"闽南职业学校"一直开办到1938年，共培养上千名有实用技能的社会有用人才。

除了闽南职业学校外，当时的鼓浪屿还曾有一所民生职业中学，校址在现中华路40号对面的一座楼房（已塌）。这所学校的校长是张兰溪的夫人曾淑端，在曾女士的父亲、华侨企业家曾国仓先生的支持下创办的，只办了两年左右的时间。

## 二、植根于民间工艺沃土的工艺美术教育

鼓浪屿的艺术，不但西洋音乐起步早，鼓浪屿还是国内最早接受西洋美术熏陶的地方之一。早期的传教士把西洋画带到了这里，使鼓浪屿人认识了与中国传统画法截然不同的西洋美术，培育出林克恭、周廷旭这样的我国油画艺术先驱者以及郭应麟、龚鼎铭、叶永年等一大批有成就的本土西洋画家。不过，鼓浪屿的艺术教育，一路发展下来出名的倒不是西洋美术。

鼓浪屿的艺术教育在新中国成立后，由以民间、以社会为主发展成专业的学校教育，音乐教育方面硕果累累，"厦门音乐学校"就是改革开放后冉冉上升的一颗新星。其实，鼓浪屿岛上还有一所资格更老、桃李满天下的工艺美术领域的职业学校，60年来为国家培育出数以万计活跃在闽南、福建乃至全国各地实用美术领域的专业人才。这所学校就是现在的"福州大学工艺美术学院"，而鼓浪屿人习惯上仍然称之为"艺校"，因为这所学校是在还是"福建工艺美术学校"的中专时期就奠定了她的特色和

地位的。

这所学校创办于新中国成立之初。1951 年在厦门美术研究班的基础上，经福建省教育厅批准成立的"鹭潮私立美术学校"就是她的前身，在鼓浪屿的八卦楼开始了艰苦的创业。

1958 年 6 月，该校由厦门市文化局收归公立，增设音乐舞蹈科和戏曲科，改为"厦门艺术学校"，校址在鼓浪屿安海路 36 号。

同年 8 月，经省工业厅和中共厦门市委协商决定，并经省人民委员会批准，在厦门艺术学校"工艺美术科"的基础上，成立"厦门工艺美术学校"，与厦门艺术学校同时并存。初创时期，校址选在鼓浪屿"汇丰"。

1960 年，两校正式分开办学。厦门工艺美术学校由省工业厅手管局主管。明确了学校定位后，结束了"打一枪换一个地方"的不稳定状态，学校办学走上了规范化发展的道路，在鼓浪屿康泰路的海边建起新校舍，定居下来，发展兴旺起来了。

有的读者会问，这所学校怎么会由"手管局"管呢？要知道，"手管局"就是"手工业管理局"的简称，这样的隶属是否有点儿牛头不对马嘴。这个问题问得好。所以会归"手管局"管，起源于学校的一个重要决策，这一重要决策不但决定了学校的发展前途，也决定了学校的办学风格。

学校创办时是"鹭潮私立美术学校"，因为是私立的，经费自筹，杯水车薪，尽管政府将鼓浪屿八卦楼支持学校当校舍，尽管创业者艰苦奋斗，仍然步履维艰。更严重的问题是，由于学的是纯美术专业，社会需求不大，毕业生很难找到工作，直接影响到学校的生存。

该校 1956 届学生邱祥锐回忆当年，学校经费十分困难，而且第一届毕业生大部分就业问题无法解决，"学校只好把他们当中成绩较好的同学组织起来，成立'美术创作组'，由学校向省人民美术出版社联系，为出版社画连环图，依靠稿费收入维持生活"。严峻的现实使办学的这群文化人不得不考虑这么一个问题：培养什么专业的学生才能和社会需求相统一？

在这关系学校存亡和发展的重大问题上，他们果断地做出了一个被后来历史证明是十分正确的抉择：忍痛割爱，放弃纯美术教育的办学方向，转向"以美术为基础，以民间工艺为专业"的方向，把根植入民间工艺的沃土中去。

1955年秋，鹭潮美术学校试办工艺美术班，从在校学生中挑选一部分转修工艺美术专业。工艺班的教学以美术为基础，以民间工艺为专业内容，建立实习工场，教学与实践相结合。这是一个具有方向性意义的选择，它奠定了这所学校的发展前景和办学风格，后来省工艺美术学校基本是按照这个模式建立。

首先，这个决策促使了学校由私立转为公办，结束了靠卖画度日的艰难局面。

那个时候，新中国的社会主义建设正轰轰烈烈地开展，但受到帝国主义的封锁，国家急需大量外汇换取建设所需的物资。当时福建拿出去换外汇的主要是土特产，民间工艺品是很重要的特产，很受外国人和海外华侨的欢迎。学校民间工艺专业的建立和实习工厂的开办，为福建工艺美术生产的恢复及发展打下了基础，为福建打破封锁争取外汇立了大功。省政府看到了这个学校的价值，非常重视，立即将学校收归公办，加大支持其发展的力度。因为全省的工艺美术生产都归省工业厅手管局管，学校被当成工艺美术生产的技术保障、产品革新和人才培养部门，被统筹过去了。

学校工艺美术方向的确定，也挽救了一大批面临消亡的福建民间传统工艺美术和这些文化遗产的传承人。

解放后，在越来越左的环境里，民间传统工艺美术连同它赖以生存的民间信仰和民俗成了封建迷信被破除，民间艺人四散。

为办好工艺美术专业，深入挖掘民族民间工艺传统，学校派出教师走访闽南一带民间工艺美术行业和艺人，摸底调查，上门求教。学校还聘请了厦门著名彩扎老艺人柯石头、漳州泥偶老艺人徐全、石码木偶头雕刻老艺人许盛芳以及漳州泥塑艺人蔡福祥、泉州刻纸艺人徐耀昆等人来校辅助教学。这些工作对福建传统工艺的抢救和传承起了重要作用。当时柯石头等老艺人贫困潦倒，疾病缠身，学校接济他们的生活，为他们治病，使他们身怀的绝技得以重见天日，枯木逢春。

学校附属的工艺美术厂成了全省独一无二、民间工艺美术品种齐全、技术力量雄厚的综合工艺美术工厂，也是艺校学生学习民间艺术的实训基地。福建的竹编、木偶头、泥偶头、彩塑、瓷塑、木雕、漆器、漆线雕、戏剧用具、刻纸、抽纱刺绣等工艺因此得到抢救性开发。从这里毕业的很多学生，成了福建省享誉全国的寿山石、木雕、漆器、漆线雕、漆画等民间工艺美术行业的能工巧匠、工艺美术大师，成了传统工艺的传承人。

职业学校附设工厂，作为学生们的实训基地，真正落实了教育方针中"教育与生产劳动相结合"的宗旨。而且又作为新产品的"孵化基地"，使师生们的科研成果、艺术创作迅速转化为"生产力"，转化为商品。50多年前厦门工艺美术学校先行先试积累起来的这些经验，至今仍然意义重大。

学校工艺美术方向的确定，使学校成为福建工艺美术的研究和开发基地，师生们在研究传统工艺的基础上开拓创新，硕果累累。

上世纪五六十年代，师生们深入福建德化等地的瓷窑，与烧瓷师傅同吃同住同劳动，在生产第一线研究"德化瓷"的制作工艺、特色、发展史，在学习和研究的基础上参与了德化瓷的工艺革新，探索在现代生活用具上的应用设计。现代元素的注入，使这深山里的古老技术焕发异彩，迅速成为福建在国内市场和外贸出口市场中的拳头产品。学校老师设计的德化瓷餐具，也进入北京人民大会堂的国宴厅。

1959年建国十周年，以学校老师为骨干组织创作的一批工艺美术品，赴北京参加国庆十周年全国工艺美术作品展，获得巨大成功，好评如潮。毛主席在参观了全国工艺美展的福建展区后说："福建是有文化的"，周恩来总理观后说："福建第一"，朱德委员长挥毫题词"巧夺天工"。老师们还参加了北京人民大会堂福建厅的布置，福建厅成了国家领导人接见重要国宾最常选的场所。国家领导人多次坐在绘有鼓浪屿日光岩的大型工艺屏风前叱咤风云，使鼓浪屿日光岩定格在我国许多重大外交事件的历史照片上，也使福建的工艺美术名扬天下。

改革开放后，尽管学校由中专升格为高等职业学院，尽管国内艺术院校流行过放弃传统追求时髦的潮流，鼓浪屿的这所老校在汲取人类不同文化精华，实行多元发展的时候，不忘植根于中华五千年的文化，植根于人民和社会的需求，不忘和实践相结合，坚持了工艺美术的传统，并且将传统在现代环境里不断革新发展，不断上新台阶。

经过多年的研究和创作，他们将福建传统的漆画发展成一个新画种，外国朋友十分惊讶地称这个画种为"中国油画"，十分喜爱。鼓浪屿的这所工艺美术院校也被国内同行专家称为"漆画艺术新一代的摇篮"。

学院在工艺美术教育的基础上发展起来的装饰艺术设计、环境艺术设计、服装艺术设计、视觉传媒设计和工业设计等专业，不但在学术上有诸多创新，由于坚持了为社会发展服务的传统，也产生了巨大的社会效益和经济效益。他们创作的大型壁画、城市园林雕塑已经成了许多地方的"城市标志"，由此衍生出来的"工艺雕塑产业"，已经成了福建工艺美术的支柱产业。

# 第五节 鼓浪屿的外语教育：积淀与创新

在 Air 夫妇写的《迷失．鼓浪屿》一书中，我们可以读到这么一个关于在鼓浪屿"迷失"的小故事：

"有一个人说，有一天，他遇见一个老外拿着地图，踌躇着，肯定是迷路了吧，正要上前指点，却看见一个老妇人走过去，流利地，说出英语来"。用外语而且是"流利地"给"迷失"在鼓浪屿的老外指点迷津的，竟是一个其貌不扬的老妇人！

这老妇人是谁？随口而出流利的外语是哪里学的？岛上有没有同样精通外语的老爷子，或大叔大妈、小弟小妹？这个小故事，不管是否确有其事，或者是来自民间的"美丽传说"，总激发起人们诸多的遐想，总流露出大家对鼓浪屿文化底蕴的敬佩之心。不管怎么样，老鼓浪屿的外语底蕴厚实是不争的事实，毕竟是已经有百年的积淀了。

外语教学是鼓浪屿又一显著的教育特色，百年历史上出现过两次高峰：一次是在租界时期，另一次是在改革开放时期。即使是全国范围内英语一度被忽视的 50 年代，或者是"文化大革命"那样的非常时期，鼓浪屿的英语教学在被冲击后，很快又"死灰复燃"起来了，最艰难的时候就教英文的《毛主席语录》。

反思鼓浪屿外语教学百年来的这两次高峰，共同的特点是得益于"开放"二字：社会的开放，环境的开放，教学的开放。

## 一、第一次高峰："被开放"及其历史的积淀

众所周知，第一次"开放"，用现在时髦的说法，其实是"被开放"，闭关自锁几千年的国门是被帝国主义的坚船利炮轰开的，蜂拥而入五花八门的西方商品里最大宗的是毒品鸦片。打开的国门也让国人接触到西方文化，感受国耻的同时也促成了向西方学习的热潮，形成学习外语的社会需求。

早期英华中学英文版的数学、物理、英文教科书（部分）

当然，这样的社会背景不是鼓浪屿独有，但是加上下面两个因素，鼓浪屿外语教育发展的特殊条件和优势便凸显出来了。这两个因素就是当时鼓浪屿特有的开放环境和开放的教学模式。

鼓浪屿是西方传教士在华最早登陆的地点之一。鸦片战争又使厦门成为五口通商的一个口岸，鼓浪屿成为列强的公共租界。列强十三国领事馆，十几个洋行、银行云集鼓浪屿。鼓浪屿是大批洋人、买办的居住区。西方教会在厦门办的中小学最后也都集中在鼓浪屿。当时的这个态势，使鼓浪屿彻底地"被开放"，洋人的"工部局"成为鼓浪屿实际的权力机构，连主权都"开放"掉了。不过也把先进的城市管理带进鼓浪屿，也使西方文化和西方语言在鼓浪屿流行起来，形成中外并存、互动交流的语言环境，形成学习外语的社会驱动力。

而教学模式的"开放"，表现在早期学校的学制、课程、教材、教学过程的"重英轻汉"甚至是全盘西化上。

岛上早期的教会学校多数照搬西方的学制与教学模式。从课程的开设看，英文课是仅次于宗教课的主要课程。从教学过程看，英语贯穿于大部分学科。如英华书院开办之初采用英国学制，分为初级部和高级部。初级部等于英国初级学校，高级部等于英国高级学校，最后两年学习的是英国大学的预科课程。课程分为商业和科学二科。商业科包含商业尺牍、英文簿记、速记和打字；科学科则包括数学、生物、物理、化学、天文、地质和心理学等。这些课程用的是直接由英国买来的英文课本，用英语讲授，甚至课外的宗教活动，也都要求用英语会话。这样，英语自然成为不可或缺的教学语言。虽然，学校也教授中文，但规定所有学生每天上午专上英文课，下午才上中文及其他课。

在学业的评价上，不管学校、教师或学生，也都是"重英轻汉"。学校当局在评定学生毕业资格时明显地偏重英文。从南洋来的侨生，一般都是英文程度高而中文程度低，对待这些学生，学校只要他们的英文成绩好就给予毕业文凭，不管中文程度之高低。相反地，国内学生尽管中文已达到毕业程度而英文尚未达标，那就要等英文水平补到毕业程度，学校才肯给毕业文凭。由于有英语的功底，学生毕业后，可以进入涉"洋"的高薪单位工作，或到教会学校当教员取得较高的社会地位。少数八年级预科学生毕业后，可直接升入国内教会大学或英国、美国大学深造，因此，学生和家长也普遍重视英语学习。

学校里英文教师大多聘请英国人或者留洋的"海归"，部分是毕业于国内名牌教会大学、英语流利学问渊博的本地教员。他们平日很注意培养学生的英文写作能力，也注意训练学生的英语口才，以确保学生毕业程度与英国高级学校相等，能够免考而升入英国所属大学读书。

这种从课程、教材到教师，从课堂用语到课外宗教活动用语，彻底开放全盘西化的做法，从政治角度看确是当年"被开放"的租界环境和西方教会学校的产物，文化上也对中华文化的传承造成冲击。但从教学法的角度看，有其符合外语教学规律的一面：在教学中创设一个与所学外语相似的语言文化环境，这对学好外国语言极有帮助。这一教学模式在百年历史的优胜劣汰中积淀下来，成为传统。

开放的英语教学模式也在岛上国人办的学校流行，林巧稚的母校厦门女子师范学校这所"上女学"，就是一所"英语为上"、还聘了英国女外教的学校，林巧稚大夫一口地道的英语就是在鼓浪屿打的基础。

到了国民政府收回教育权之后，学校按国民政府教育部颁布的新课程标准开课，"重英轻汉"的现象有了较为明显的改变，然而，重视英语学习的风气已成为一种传统在鼓浪屿延续下来。

新中国成立初期，因为向第一个社会主义国家苏联学习的需要，基础教育阶段的外语教学改为学习俄语，作为英美老牌帝国主义的语言，英语被边缘化了。这种局面在鼓浪屿很快就被打破，1956 年，厦门女中率先恢复了英语课，把英语教学又延续下来。

到了上世纪 50 年代末、60 年代初，厦门二中的外语教学在全省已经形成了自己的品牌。当时，从初一到高三，各个年段都安排英语课程，配齐师资。英语不但和语文、数学一起被尊为"主科"得到优先优惠，同时还在每天早晨到校时专门安排了一段"雷打不动"的时间让给英语"早读"。英语的这个"天天读"的"特权"令其他主科羡慕不已。

不仅中学开设英语课程，鼓浪屿的小学也试开英语课，1962 年，厦门市有七所小学在高年级试开外语课，开展英语教学的实验，鼓浪屿第一中心小学（即现在的鼓浪屿人民小学）名列其中。这是解放以来第一次在小学进行外语教学试验，有条件、有勇气的小学不多。

"文化大革命"期间，在"不懂 ABC，照样干革命"的思潮里，英语被当成毒草受到了封杀。但到了"文革"末期，厦门二中又以学习毛主席语录的形式将英语教学恢复起来。

纵观解放后鼓浪屿的英语教学，鼓浪屿传统的英语教学模式在高度政治化的社会环境里被全国统一的制度所取代。也就是说，"开放"的社会环境、对学习外语有利的区域教育文化生态和教学模式都不复存在了。不过，鼓浪屿岛上重视学习英语的风气依然，岛上学习外语在师资、家长方面的优势依然，再加上懂英语又重视英语教学的校长的领导和教师群体的努力，封闭的社会教育文化生态环境里，厦门二中的英语教学仍然创出了不一样的业绩。

厦门二中出去的学生，英语素质被社会普遍认同。不但考入外语院校深造的人多，后来从事英语教学和编译工作的也多。单从厦门基础教育界看，据说有一段时间，厦门各中学的英语教研组长当中很多是二中校友。二中的林梅英老师和殷秀明老师80年代就被评为福建省的中学英语特级教师，还都担任过厦门市的高中英语教研员，主持着全市中学英语教学的业务，成了全市中学英语教研组长们的"总教头"。就是上大学时学的不是英语专业，由于工作需要转行教英语，也有不少二中校友凭着中学的英语功底边干边学，成为英语教学的行家，得到同行的好评。

在二中校友中还流传着这么一个故事。"老三届"中有一位高三的老大姐，工厂的普通工人，50多岁头发都花白了才去美国，凭着坚强的毅力和中学打下的扎实基础，居然在与美国当地人的竞争中脱颖而出，考上包括语言在内要求很严格的美国公务员！神了，又是一位鼓浪屿的"老妇人"，又是总有传奇故事出现的鼓浪屿教育。

## 二、第二次高峰：开放图强，先行先试

回顾鼓浪屿外语教学百年史，如果说第一次高峰是出现在上世纪初，在西方列强的武力和文化入侵下"被开放""被高峰"的话，第二次高峰则是出现在上世纪70年代末、80年代初"文革"结束，痛定思痛之时。

痛定思痛，中国人选择了"改革开放"。相比第一次的"被

开放"，这一次开放是国人审时度势后自己选择的救国图强之策。外语是联系世界的重要桥梁，必须加强；改革开放急需大批外语人才，断层必须补上。

第一次高峰时，鼓浪屿因是列强的"万国租界"，"被开放"得很彻底。而这一次开放，鼓浪屿也走在最前列，不过这一次是因为厦门被中央定为中国四个"经济特区"之一，是改革开放的排头兵。

在设立特区之前，敏锐的鼓浪屿教育工作者已经在思考这么一个问题：改革开放新时期，中学教育要为高等院校输送怎么样的后备人才？中学外语教育的培养目标应当是怎么样的？像以前读了六年中学外语仍然是"聋子"和"哑巴"，不能与外国人直接交流，显然不行；像有些外国语学校那样纯粹是语言学校，基础学科不扎实，基础文化素质脱节，而且人数也少，难适应早出人才、快出人才、出好人才，满足"四个现代化"建设的要求，也不宜仿效。

1977年，在北京召开的一个外国语教学讨论会，厦门二中陈碧玉校长在会上提出了在普通教育中办一个以英语为特色的全日制重点中学的设想。1978年春天，国家教育部、省教育厅的有关领导到厦门，与市教育局领导及部分教育界老前辈座谈，确定在厦门试验一所突出英语的中学，并且试点就选中厦门二中。于是，厦门二中的英语试点班就这样办了起来。

厦门二中的英语试点班从一开办就明确了是一个面向普通教育、突出英语的外语教学试验，提出了"文理并重，突出英语"，"以英语的教改推进其他各科改革"的实验方针。

这个"突出英语"，首先表现在对所培养的外语人才层次的定位上。

他们不满足于"文革"前国家《高中英语教学大纲》中对普通高中英语教学目标的定位，当时《教学大纲》规定："高中英

二中英语教学特色研讨会

语教学的目的是，教会学生能借助词典的帮助，阅读并了解简易的英语读物或通俗文章；教给学生掌握将来进一步学习英语、利用英语所不可缺少的一些知识、技能和熟练技巧。"按这个《教学大纲》教出来的高中学生只会"哑巴英语"一点也不奇怪。他们不满足于培养的人才仅能在中国的母语环境里看得懂外文书的水平，而是瞄准更高一个层次，培养目标定位在外语的听、说、读、写基础扎实，今后能"走出去"，能在以所学外语为母语的国度里生活工作这么一个层次上。

这个对普通高中《教学大纲》的突破，在改革开放初期确是一个颇为重要的创意，为改革开放后全国中学外语教学目标的重新定位和中学外语《教学大纲》的修订开路先行。

教学上，他们继承了鼓浪屿英语教学历史上第一次高峰积淀下来的"开放"传统，在当时艰难的条件下大胆创新。他们新时

二中英语班英语听力训练

期外语教学的创新就集中表现为，在学校里创设一个与外国语言文化接轨的学习环境，把世界"搬进"学校：

——开放教材。引进香港中学课本 Access，与部颁英语教材并用。当时的香港还没有回归，还是英国殖民地，这个做法确实要有胆量。

——请进"虚拟的外教"。当时聘用外籍教师困难重重，为了培养准确、丰富的语感和地道的英美语音、语调，他们大量运用"电化教学"手段，大量使用国外原版电教教学资源，把"虚拟的外教"请进学校来弥补这个欠缺。引进的国外原版电教资源，也填补了长期与世界隔绝产生的文化空白，开拓了视野。

——小班化教学。强化了外语听、说、读、写训练，加大了学生个体语言实践的密度和课堂个别指导的机会。

——开放课堂，课内外结合。组织丰富多彩的"第二课堂"活动：听英语原版录音带、看英语电影录像、与厦大外国留学生联欢、出英文小报、唱英语歌演英语剧、阅读英文课外书籍刊物、写英文日记、翻译短文等等。

二中英语试验班的这些"突出英语"的改革，把"习得"这一新理念引进教学过程，带来了第二个突破，即对"文革"前的外语教学法的突破。从外语教学法的角度看，以前的外语学习倚重"学得"，忽视"习得"，正是这片面做法造成了中国中学英语教学的低效率。

"学得"是"文革"前师生们习以为常的外语教学法。典型的情景是：外语单词和句子靠老师在课堂上一遍一遍地示范带读，学生坐在下面摇头晃脑模仿跟读，回家后就死记硬背，记不住就用谐音汉字在旁边硬"注"：什么"古猫岭"，什么"好路优路"，五花八门各显神通。这是一种课堂集体的、依托教师权威的、靠反复机械"操练"来强化的、意识很强的灌输式教学。更要命的是，这样的教学忽视了"语言运用"，而是非常强调"语法规则"。"要命"就在于，片面强调语言知识（特别是语法规则）的重要，把语言知识和语言技能人为地割裂开，其后果就好像我们需要的是能在赛场上摘金夺银的"运动员"，结果发现是培养出一群"裁判员"！

而试验班开放的教学，使"习得"变成了厦门学生学习外语的新途径。学习一门外语，不再是通过先学习一套规则来指导语言运用，而是通过参与各种语言游戏、语言实践来"习得"，在潜意识的"玩"中学习外语。

二中英语试验班的"把世界'搬进'学校"，正是靠教学中营造外国语言文化环境，教学法上引进"习得"新途径，克服过分依赖"学得"，努力实现外语教学"功能主义"与"结构主义"的互补。在"实景"中，在模拟"任务"的语言实践中有效地调动了学生学习外语的积极性，提高了学生实际运用外语的能力，也提高了学习外语的效率。

并且，在教学上还克服了只重"双基"（基础知识，基本技能），忽视人文素质培养的片面性，在外语的学习中实现中外文化的互补。

在厦门二中英语实验班成功的基础上，厦门市政府1982年创办起"英语中学"，1990年又扩大成多语种的"厦门外国语学校"，跻身于全国9所外国语学校行列之中。学校从鼓浪屿迁到厦门滨北，又在海沧扩建新校区，旧貌换新颜。但面向普通中学教育，突出外语的性质没有变，"与世界接轨"开放的外语教学改革方向没有变，培养"中国灵魂，世界胸怀"高素质国际性复合型人才的目标没有变。

随着改革开放的深入发展，社会教育文化生态日趋开放和多元化，厦门外国语学校的教学试验也与时俱进有许多新举措：电化教学升级为多媒体网络，同整个"地球村"联成一片；聘请了一批英语、法语、德语的外籍教师，带进的不只是地道的异国语言，还带进了多元文化；组织学生出国"游学"作短期交流和组织学生参加各类国际中学生竞赛或论坛，以扩大"全球视野"，培养"领袖气质"；与外国学校定期教学交流直至联合办学，等等。

改革开放三十年的中国在国际上的地位发生了巨大的变化。我们直接感受到的是，以前是各级政府竞先对外招商引资，现在中国商人开始走向世界，到处投资兴业；以前是中国人忙着学外语，现在世界时兴"中文热"，"孔子学院"遍布全球；国人对把子女送到国外留学也不再陌生，而且开始"挑肥拣瘦"，甚至低龄化。为适应社会对教育多元化的需求，厦门外国语学校为国内学生设计了两套课程，一套是为"国内通道"学生深造服务的，另一套则是为准备到国外升学的学生设计的"国际通道"。他们还办起了接受外国交换生的"国际部"和"华文教育基地"、"汉语国际推广基地"，以适应全球"中华文化热"的新形势，发挥学校优势，抢占新的"制高点"。

厦门外国语学校的开放，正在从"把世界'搬进'学校"的教学层次，发展到多方位、多层次"走向世界"的办学新格局。

从厦门二中英语实验班的先试先行，到厦门外国语学校的再接再厉，是百年鼓浪屿外语教学发展的第二次高峰，是鼓浪屿教育对厦门教育的又一大贡献。今天的厦门外国语学校，是许多优秀学子趋之若鹜的热门强校，虽然她搬离了鼓浪屿，但那个小岛却是她永远的根。

许十方 陈峰 著

# 鼓浪屿教育大事记

## 明

### 1476 年（成化十二年）

鼓浪屿人黄荡被选为贡生，授浙江余姚训导。

## 清

### 清初

同安县洪塘乡石浔社黄氏入迁鼓浪屿。后黄氏家族在位于今市场路的黄氏小宗祠堂内开设私塾。

### 1821 年（道光元年）

鼓浪屿人林际昌被选为贡生。

### 1840 年（道光二十年）

3 月，英国政府悍然发动了侵略中国的鸦片战争。7 月和 8 月，英国军舰两次进犯厦门，被清守军开炮击退。

### 1841 年（道光二十一年）

8 月 26 日，璞鼎查率领 32 艘英国舰队进攻厦门，清军抵抗实力不济，厦门失守。20 日，英军大队北犯，留下 3 艘战舰和 500 多名士兵占领鼓浪屿。

### 1842 年（道光二十二年）

2 月 24 日，美国归正教会传教士雅裨理、文惠廉乘英舰从香港抵鼓浪屿传教。

8 月 29 日，《中英南京条约》签订，厦门被列为五口通商口岸之一。

**1843 年（道光二十三年）**

7 月 22 日和 10 月 8 日，中英先后签订《五口通商章程》和《五口通商附粘善后条款》。

11 月 2 日，厦门作为五口通商的口岸而正式开埠了。

**1844 年（道光二十四年）**

英国伦敦公会传教士施约翰（即约翰·施敦力）在厦门寮仔后创办福音学校，是福建第一所教会学校（有专家称，施约翰是年在鼓浪屿创立基督教"伦敦公会"的同时，也开办"英华男塾"，是为"教会在福建办学之始"）。

**1846 年（道光二十六年）**

美国归正教会传教士毕德在厦门寮仔后创办第一所走读学校，是为近代教育进入厦门之始。

**1847 年（道光二十七年）**

伦敦公会养为霖夫人在厦门寮仔后住宅创办一个有 12 名学生的女子学校，是厦门近代女子教育之始（有专家称，这发生在 1845 年）。

**1850 年（道光三十年）**

10 月，美国归正教会传教士打马字开始在信徒中教授用罗马字母系统为厦门话注音的厦门罗马字，俗称白话字。

**1853 年（咸丰三年）**

5 月 13 日，由黄位、黄德美为首的闽南小刀会在同安灌口起义。18 日，攻克厦门。英国人在洋行收货船保护下躲到鼓浪屿避难。

**1856 年（咸丰六年）**

帝国主义列强发动了侵华的第二次鸦片战争。

**1859 年（咸丰九年）**

美国领事海雅在鼓浪屿建榕林别墅。此后，在厦门岛的外国人逐渐迁移至鼓浪屿居住。

### 1869 年（同治八年）

美国归正教会在安海路（即现汉伟幼儿园）创办回澜圣道学院。

### 1870 年（同治九年）

美国归正教会打马字牧师的夫人在厦门竹树脚开办了一所女子学堂。次年，在鼓浪屿的协和礼拜堂开办一个班级。学堂后由其第二女儿马利亚·打马字姑娘接办，即田尾女学的前身。

### 1873 年（同治十二年）

英国伦敦公会传教士施约翰夫妇在鼓浪屿"乌埭中"（现福州路一带）租赁民房，设立支堂，即"福音堂"。除了做礼拜外，还办起学堂，即福音小学的雏型。

### 1874 年（同治十三年）

伦敦公会所属观澜圣道学校由厦门岛迁鼓浪屿，在"乌埭角"租民房为校舍。

### 1875 年（光绪元年）

伦敦公会在"埯海角"（后来的笔山小学校舍）与支堂毗邻处建一幢校舍，为观澜圣道学校用；在圣道学校东南隅筑一校舍，办"澄碧中学"；又在福音堂之东南隅，筑小学校舍，作为福音小学课室。

### 1877 年（光绪三年）

6 月，英国长老会倪为霖牧师夫人和吴罗宾牧师夫人募资建筑的校舍在鼓浪屿乌埭角落成，称为"乌埭女学"，为怀仁女学的前身。

### 1878 年（光绪四年）

西洋乐器管风琴首次在鼓浪屿的英国人礼拜堂里落户。

### 1880 年（光绪六年）

马利亚·打马字姑娘的女子学堂迁到鼓浪屿田尾，故称田尾女学堂，又称"花旗女学"，为毓德女中的前身。

### 1881 年（光绪七年）

美国归正教会和英国长老会于鼓浪屿田尾联合创办寻源斋，又称"男童学院"（Boy's Academy），后更名寻源书院。

### 1884 年（光绪十年）

打马字牧师夫人玛丽·打马字在田尾创办三年制妇女福音学校，又叫田尾妇学堂，简称妇学。这个学院专为婚后妇女信徒而设的，就学年龄自 20 岁至 70 多岁，相差悬殊。

### 1885 年（光绪十一年）

仁历西姑娘担任乌埭女学主理，本地人因此称之为"仁女学"或"红毛女学"。

### 1886 年（光绪十二年）

为纪念归正教会海外传教会妇女部任通信秘书的已故 Charlotte W. Duryee 女士，田尾女学堂更名为"毓德女子学校"。

### 1888 年（光绪十四年）

美国归正教会传教士打马字在鼓浪屿创办白话字（即厦门罗马字）刊物《漳泉圣会报》，是厦门最早的教会刊物。

### 1889 年（光绪十五年）

美国归正教会清洁·打马字姑娘在厦门竹树脚创办一所私塾式学堂，用单级教授制，后迁鼓浪屿球埔边石厝，再迁田尾毓德女学附近，称田尾小学，为养元小学的前身。

寻源书院迁往东山仔顶，为纪念美国归正教会牧师打马字·约翰，由主理毕腓力在美募捐，建打马字纪念楼以为校舍。

### 1893 年（光绪十九年）

打马字参考杜嘉德的《厦门本地话或口语字典》(即《厦门白话字典》）编纂《厦门音的字典》。

### 1894 年（光绪二十年）

中日甲午战争爆发。

## 1897 年（光绪二十三年）

鼓浪屿人黄赞夏中丁酉科举人。

美籍荷兰人郁约翰在鼓浪屿开办"救世医院"。

## 1898 年（光绪二十四年）

以康有为为首的改良主义者发动戊戌变法。其倡导的改革思想对中国教育制度改革有着较大的影响。

2 月，英国长老会牧师韦玉振夫人韦爱莉，在鼓浪屿鼓新路 35 号牧师楼创办家庭式幼稚班和"怜儿班"，同年改为幼稚园，为怀德幼儿园前身，是中国第一家幼儿园。

2 月 28 日，英国伦敦公会山雅谷牧师发起，租用荔枝宅附近民宅与英国长老公会合办英华书院，仿英国的高等学堂制，又称"中西学堂"。不久转租怀仁女学后白楼（今鸡山路 8 号）为校舍。由伦敦长老公会独力承办。

英华书院创办不久，就成立英华足球队，乃福建省第一支足球队。

2 月，以黄氏宗祠为校舍的普育小学堂成立，黄登第任校长。

戊戌变法后，基督教徒陈希尧在乌埭角创办民立小学。

## 1899 年（光绪二十五年）

一些有识之士在河仔墘（今泉州路）设立阅报所，为民众提供均等求知的机会。

## 1900 年（光绪二十六年）

乌埭女学主理仁历西择新址（今人民小学）建校舍，内设师范班，并进行分班教学，粗具中学雏形。后来人们为纪念 1906 年逝世的仁历西，把校名改为"怀仁女学"。

厦门救世医院院长郁约翰创办附设的医学专科学校，1932 年停办。

与革命党人有关的人士在大河墘（今龙头路）创办闽南阅报

社。

## 1901 年（光绪二十七年）

英国长老会在怀德幼儿园的基础上举办师资班，开厦门幼儿师范教育之先河。

## 1902 年（光绪二十八年）

1 月 10 日，兴泉永道官员代表清政府与日、美、英等十国领事在日本驻厦领事馆签订《厦门鼓浪屿公共地界章程》（外文本题为《厦门鼓浪屿租界土地章程》）。11 月 21 日经清政府批准生效。

仁力西姑娘与马利亚·打马字姑娘共作《字汇入门》，分上下卷，代国文课本。每课五六个新字，编成语句，于汉字旁注罗马字音解，使人易于学习。

英华书院向德记洋行购卖荔枝宅华严楼作为英华校舍，称为旧楼。次年，从白楼迁入旧楼，金禧甫就任第一位院长（主理）。

4 月 28 日，英国长老会传教士山雅谷在鼓浪屿鸡母山麓创办的《鹭江报》问世。报社后来迁厦门太史巷。

## 1903 年（光绪二十九年）

1 月，由西方列强驻厦门领事团组建的鼓浪屿工部局成立。翌年四月初五开始行使权力。

## 1904 年（光绪三十年）

清政府公布《奏定学堂章程》（"癸卯学制"），并在全国施行。

## 1905 年（光绪三十一年）

袁世凯、张之洞奏请立停科举，以便推广学堂，兴办新学。清廷诏准，"自丙午科为始，所有乡会试一律停止，各省岁科考试亦即停止"。延续 1300 年之科举制度至此废除。

田尾小学实行编级制，更名为养元小学。

美国安息日总会派韩瑾思来鼓浪屿，在泉州路乌埭中租房，创办"育粹小学"，为美华学校的前身。

### 1906 年（光绪三十二年）

安息日会总会派遣安理顺来鼓浪屿接任韩瑾思的工作，在"五个牌"购买大片山地，建筑教学大楼（今鼓声路 12 号）、男生宿舍楼及礼拜堂（原鼓声路 14 号，已被鼓浪别墅征用拆除）、校长楼（今鼓声路 10 号）和石砌的职工宿舍楼（今鼓声路 16 号）各一幢，筹办"美华学校"。

4 月，督办漳厦铁路的陈彝庵邀集厦鼓名流士绅林庆纶、林辂存、陈之麟、黄乃裳、蔡凤襟、黄廷元、周之桢等人在内厝澳的宫保第创办厦门女子师范学校（初名高等女学），后迁至港仔后周之桢宅。

### 1907 年（光绪三十三年）

伦敦公会办的澄碧中学并入美国归正教会和英国长老会合办的寻源书院（址在东山顶，今音乐学校），由三公会共同管理，主理毕腓力，校长黄植亭。

观澜圣道学校合并到回澜圣道学校，改称"回澜圣道学校"，由"三公会"共同管理。

### 1909 年（宣统元年）

韦爱莉办的幼儿园迁往安海路 4 号，改为蒙学堂。

基督教徒陈希尧将民立小学与福音小学合并，命名为"福民小学"。

### 1910 年（宣统二年）

美华学校迁至五个牌新校舍，成立美华中学男生部，即"美华中学"，同年开学。

怀仁女学首次给毕业生发毕业文凭。1915 年起给师范毕业生发文凭。至 1916 年，遂有初、高、师范三部之文凭。

### 1911 年（宣统三年）

怀德幼儿园于鼓浪屿内厝澳西路（现永春路 83 号）建园舍，正式定名"怀德幼儿园"。

怀仁女学新校舍落成。

叶谷虚接任福民小学校长。

10 月 10 日夜，武昌起义爆发。

11 月 14 日，中国同盟会厦门分部宣布起义。同盟会员率众进军清道台署，兵不刃血占领厦门，正式宣告厦门光复。

# 中华民国

**1912 年（民国元年）**

1 月，教育部发布《普通教育暂行办法》和《普通教育暂行课程标准》。遵照教育部规定，福民小学改办为初、高两等小学堂。

普育小学堂改为公立。

西班牙天主教教士马守仁由台湾调来厦门任主教，接管前西班牙驻厦领事馆为教堂，在教堂下侧的一座两层楼屋创办小学，为维正小学前身。曾一度扩办维正师范，但不久即告停办。

怀德幼稚园师资班升格为怀德幼稚师范学校。

**1913 年（民国 2 年）**

英华书院新建教学楼和大礼堂，与旧楼组成"同"字壳形校舍。

6 月 20 日，以福民小学名义发刊的《道南报》创刊，社址设在福民小学。它是一份教会学校创办的但又面向社会的报纸，从创刊至 1933 年 12 月闭刊，共延续 20 年，其间数次停刊。

菽庄花园主人林尔嘉从欧洲购入钢琴陈列在菽庄花园，鼓浪屿始有第一架钢琴。

**1914 年（民国 3 年）**

怀仁女中校增办旧制师范（初中程度）。

7月，林尔嘉结菽庄吟社于鹿耳礁之西埝（八角楼），社侣300余人，得诗、文、词、赋、序一万二千余首，择其佳者梓为《菽庄丛刻》八种。

## 1915年（民国4年）

普育小学堂易名思明县第一区第二国民学校。

## 1917年（民国6年）

11月，菲律宾华侨林翰仙与闽南革命党人许卓然合办的《民钟日报》由厦门局口街迁到鼓浪屿和记崎林家园（现编福州路118号），后又迁至大宫口（今人民体育场对面）。

## 1918年（民国7年）

"五四"运动爆发。

厦门道尹汪以厦门女子师范学校有革命嫌疑，停发省教育厅拨给的补助费，各校董因而星散，仅有周之桢校董独自支撑。

5月，福建督军李厚基以《民钟日报》攻击政府的罪名，指示会审公堂标封《民钟日报》。

## 1919年（民国8年）

第二国民学校（原普育小学堂）校长孙印川到南洋募捐教育经费，利用草埔仔黄姓族人献出的公业"竹林精舍"（址在今鼓浪屿社区教育基地）建造一幢三层的新校舍。于1921年竣工。

寻源中学校友叶永豪等在现英雄山上创办新华中学。

南安公会归侨在西仔路头附近创办武荣中学，新加坡归侨陈存瑶任校长，不久告停。

10月6日，维正小学正式成立。

## 1920年（民国9年）

9月，毓德女学原有两个师范班改习中学课程。

## 1921年（民国10年）

春，毓德女学扩展，在两个师范班的基础上进一步拓展为四年制中学，正式成立中学部，即毓德女子中学。

5月25日，福民小学校长叶谷虚聘藤工林远峰为技师，筹办设备，在福民小学内附设藤竹科并正式招生。

7月1日，《民钟日报》复刊。9月8日，又被北洋军阀驻厦军队勒令停刊。

### 1922年（民国11年）

元旦，《道南报》改为《道南日报》，发行人叶谷虚。

叶谷虚在旅菲华侨杨忠懿、叶崇禄的支持下，在内厝澳租校舍创办闽南职业学校。

### 1923年（民国12年）

全国教育联合会公布《新学制课程标准纲要》，推行"新学制"。

春，闽南职业学校在龙头租用校舍，开办印刷科，兼营《道南报》。

鼓浪屿首次公映电影国产片《爱国伞》。

### 1924年（民国13年）

英华书院改名"英华中学"，按"新学制"要求，实施三三制，分高初中两部。

1月，《民钟日报》第三次复刊。

闽南地区同盟会、中华革命党负责人之一许卓然先生在鼓浪屿内厝澳创办"光华小学"，既传播新学，又作为联络革命志士、开展革命活动的基地。

### 1925年（民国14年）

"五卅"前后，反对教会学校的奴化教育、收回教育权运动扩展至全国，发展为群众性的反帝爱国运动。

春，归正教会把寻源中学迁往龙溪芝山，将位于鼓浪屿东山仔顶的校舍让与毓德。

福民小学高小第三年级编为职校商科一年级，在龙头校舍开课。5月，在和记崎（现福州路，与笔山小学毗连）奠基建筑校舍，定名"闽南职业学校"。

厦门旭瀛书院在鼓浪屿"八卦楼"（现厦门博物馆）开办第三分院，招收台湾人子弟。

许卓然赞助李汉青、叶清泉等人在鼓浪屿蓝田旅馆旧址设书报阅览室，不久，改称私立鼓浪屿图书馆。

### 1926 年（民国 15 年）

秋，毓德女子中学改设三三制两级中学，使用统一教材。

厦门救世医院又创办附设的护士学校，是闽南地区首创的护士学校。

陈银水于福州路办私塾。

蔡姓经营人（绰号老鼠丁）在鼓浪屿草埔路建鹭江戏院，以放映国产影片为主，兼演京戏。至 1937 年停业。

### 1927 年（民国 16 年）

1 月 8 日，时在厦门大学任教的鲁迅先生往鼓浪屿拜访民钟报馆，与报社定下他在厦门大学指导学生创办的《鼓浪》周刊附在《民钟报》刊出一事。

2 月，寻源中学毕业的陈兆麟租用英华中学东邻"荔枝宅"（现杨家园）创办"英华校友初级小学"，陈兆麟任校长兼教导。

夏，厦门女子师范学校经费支绌，难以为续，拟停办。华侨黄奕住应允自次年起按期补助，始得延续。

12 月，国民政府颁布《私立中等学校及小学立案条例》等条例，次年 8 月，教育部又颁布《私立学校规程》。这些条例规定：私立学校，包括外国人设立的学校的开办、变更或停办，须经主管教育行政机关之核准。鼓浪屿的教会学校先后筹备立案、注册。

英华中学为筹备立案而组织校董会，由伦敦长老公会、中华基督教闽南大会和英华校友会三个团体联合组成，伦敦长老会与中华基督教会不再资助英华，经费靠学生所交学费维持。次年呈请立案。1931 年 5 月经福建省教育厅批准立案。

为逃避向省政府注册立案，毓德女中改名"毓德女书院"。

国民革命军入闽，没收原北洋军阀师长张毅位于港仔后 74 号的三层楼房。李汉青经过努力获得思明县政府的同意，将该楼作为图书馆的永久馆址。为纪念孙中山先生，将该馆改名为中山图书馆，次年 5 月对公众开放。中山图书馆为鼓浪屿第一家公共图书馆。

### 1928 年（民国 17 年）

英华校友初级小学校舍迁往安海路 3 号，规模扩大为初小一年至四年级。

李汉青在内厝澳办学，亦名光华小学，委任徐炳华为校长；黄瀛在鼓山路办三民小学，自任校长。鼓浪屿商人筹资创办一所平民小学，校址在龙头大街启新印务馆楼上，校长江溯源。

中山中学开办，校址先在东山仔顶（现编复兴路 62 号），后迁往四枞松。校长张兰溪，1932 年停办。

缅甸华侨王其华在海坛路 15 号建延平戏院，以放映电影为主。建于海坛路市场口的屿光戏院，也是以放映电影为主。两戏院于 1942 年停业。

### 1929 年（民国 18 年）

养元校友会组织校董会，向美国归正会接收养元小学，建新校舍于鹿耳礁。

思明县第一区第二国民学校（普育小学）改称思明市立实验小学；次年，改称普育实验小学。

20 世纪 20 年代，美国归正教会为寻源中学学生实习教学而设立寻源校友会教孺园，校址租用民房，初在中华路，继迁顶鹿耳礁，后迁泉州路和中华路交叉口（现泉州路 56 号），厦门沦陷后停办。

20 世纪 20 年代，卢心启、孙印川等在晃岩路租民房创办思明中学；曾淑端女士在中华路创办民生职业中学；孙家璧（镜塘）在和记崎（现八卦楼对面鼓新路 36 号）创办思明女学；孙信凫在和记崎创办思明小学。

### 1930 年（民国 19 年）

春，毓德成立立案筹备委员会和校董会，从美国归正教会接办毓德，恢复"毓德女中"校名，中小学行政合而为一，毓德小学乃为毓德中学的附属小学，并向政府注册。越年，福建省政府教育厅批准立案，邵庆元接任校长，制定校训为"诚"、"洁"。

黄奕住接办厦门女子师范学校，广聘校董，改组校董会，聘林尔嘉四子林崇智为首任校长，并以其母亲的名字命名，改为慈勤女子中学。学校从四枞松宫保第迁址至大德记原"上女学"旧址（现为厦门市经贸干校）。

夏，怀仁女中增设初级中学普通科。

9 月 8 日，《民钟日报》被国民党思明县党部勾结工部局标封，再未复刊。

### 1931 年（民国 20 年）

6 月，怀仁女子中学办理注册立案手续。旧制师范科停办。

养元小学兼办初中，但因经费不足，三年后停办。

厦门旭瀛书院小学部分出部分日本学生，在鼓浪屿田尾西路的日本会馆内创办厦门旭瀛书院第三分院，专收旅厦日侨子弟。

### 1933 年（民国 22 年）

怀仁女中增设高中程度的家事职业学校。

5 月 1 日，维正小学呈准立案。

11 月，怀德幼儿园向政府备案，全称为厦门私立怀德幼稚园。

### 1934 年（民国 23 年）

厦门旭瀛书院第三分院（厦门日本国民学校鼓浪屿分校）在田尾西路建成一幢三层新校舍（现在省休养所范围内）。

美华学校利用自办农场和牛奶场的赢利和募捐款，在今鸡山路 18 号建成花岗岩石砌的三层楼校舍，作美华学校女生部，简称"女学"。为纪念安理顺的功绩，该楼也称"安献楼"。

因安息日会中华总会所有在华学校拒绝"立案"，美华中学更名为"美华三育研究社"。

### 1937 年（民国 26 年）

4 月，慈勤女中学生会筹设妇女识字学校，免费并供给书籍讲义。

秋，厦门旭瀛书院第三分院（厦门日本国民学校鼓浪屿分校）停办。

### 1938 年（民国 27 年）

5 月 10 日，日军从五通社登陆，向厦门岛发起全面进攻。12 日，日军占领厦门。

黄奕住避居上海，慈勤女中停办，其校舍借给同年由厦门迁至鼓浪屿的同文中学上课。

市内民众避难鼓浪屿，人数以数万计。国际救济会乃开办一所"难童学校"，搭竹草棚作校舍，为难童补习功课。

6 月，塾师卢文启于鼓浪屿德兴路 12 号设立卢文启私塾。

秋，毓德校长邵庆元辞职南渡，其职务由福懿蓁继任。

闽南职业学校停办。

普育实验小学因属公立而被日伪当局接办，抗战胜利后复校。

### 1939 年（民国 28 年）

10 月 17 日，英、美等国领事在日本压力下，与日本达成《鼓浪屿租界协定》，日本人控制鼓浪屿工部局。

秋，厦门旭瀛书院第三分院复课，改名为"厦门旭瀛书院鼓浪屿分院"。

3 月，日伪鹭江青年会借日本博爱会鼓浪屿分院教室开办日语讲习所。

### 1941 年（民国 30 年）

厦门旭瀛书院鼓浪屿分院奉日本外务省命令，改为"国民学校"（厦门日本国民学校鼓浪屿分校）。

12 月 8 日，太平洋战争爆发。当夜驻厦日军强行占领鼓浪屿。各学校遭敌人占据，学校被迫停顿。

美华教职员工和教会工作人员除个别留守外，全部撤离鼓浪屿到漳州办学。

### 1842 年（民国 31 年）

日伪当局解散怀仁女中和怀德幼师；接管英华中学、毓德女中，改为市立第二中学、第二女子中学；解散毓德女小；把普育、怀仁、福民、同文和英华校友初级小学等五所小学改为鼓浪屿第一、二、三、四、五小学校；原怀德幼师附设的幼儿园改为鼓浪屿幼儿园；天主教的维正小学保留原状。

秋，厦门兴亚院设立共荣学院总院，在鼓浪屿复兴路原养元小学设分院，推行奴化教育。

鼓浪屿大乘佛教会先后在洋墓口（现晃岩路 2 号）和内厝澳开办第一、第二日语讲习所，积极为日本奴化政策效劳。

日伪当局强行接管中山图书馆，更名为"厦门市立鼓浪屿图书馆"。

### 1945 年（民国 34 年）

8 月 18 日，驻厦日军派员到石码镇接洽投降事宜；9 月 28 日，在鼓浪屿海滨饭店举行驻厦日军投降仪式。10 月 3 日，厦门光复。

9 月 15 日，英华同学会成立复校筹备委员会，呈请厦门市长核准。

10 月，普育实验小学复办，改称市立鼓浪屿区第一中心国民学校。

10 月 25 日，美国归正教厦门办事处具文厦门市长呈请毓德小学复校立案，1948 年 7 月 12 日批准。

11 月 17 日，毓德中学校董会具文厦门市长呈请复校立案，次年 2 月核准。

12 月 5 日，养元小学校董会具文厦门市教育局长呈请复校立案，次年 4 月 11 日省政府教育厅核准。

厦门日本国民学校鼓浪屿分校宣告结束。

## 1946 年（民国 35 年）

1 月 28 日，英华中学校董会再行文呈报复校立案，3 月，省教育厅核准。

2 月，市府在鼓浪屿内厝澳康泰路创办康泰国民学校，假吴、黄祠堂为校舍。1948 年改名为"市立示范国民学校"。

2 月 15 日，维正小学校董会具文厦门市教育局长呈请复校立案，市教育局 4 月 26 日核准。

4 月，塾师陈兆英于鼓浪屿泉州路 73 号设立商余补习班。

7 月，福建基督教中等学校战后调整计划委员会制订《福建基督教中等学校战后调整计划方案》，拟将怀德幼师与福州幼师联合，怀仁与毓德联合，英华照旧办理。

11 月 21 日，英华校友小学校董会具文厦门市教育局长呈请复校立案，1948 年 11 月 27 日核准。

撤回内地的美华教职员工相继返校，美华学校复校。

厦门市政府接管日伪"厦门市立鼓浪屿图书馆"更名为厦门市立第二图书馆。次年 8 月，复归私立，恢复原称中山图书馆。

## 1947 年（民国 36 年）

4 月 1 日，英华中学学生自治会创办的"英华民众夜校"正式开学，分设高小班、初小班和启蒙班。到 1949 年夏天，共举办 9 个学期，班数从 5 个班发展到 7 个班。

11 月 6 日，怀仁小学董事会具文厦门市长呈请复校立案，次年 7 月 13 日核准。

12 月 17 日，怀德幼稚园董事会具文厦门市长呈请复校立案，次年 2 月 14 日核准。

### 1948 年（民国 37 年）

春，在中共地下党组织的引导下，英华中学进步学生成立了"一齐唱民歌团"。

7 月林尔嘉之子林克恭在鼓浪屿创办厦门艺术协会，会徽 5 个 A 是厦门、业余、艺术、全体、协会等 5 个英文词的首字母，体现了这个团体的宗旨。林克恭还举办家庭音乐会，开创鼓浪屿家庭音乐会的先河。

秋，怀仁女中增设高中班，成为完全中学。

### 1949 年（民国 38 年）

8 月，厦大校友总会理事会利用原慈勤女子中学的旧校舍（今厦门市经贸干校）创办厦大校友中学。校长林鹤龄，董事长卢嘉锡。

# 中华人民共和国

### 1949 年

10 月 17 日，厦门解放。

### 1950 年

春，市民主妇联筹委会和毓德校友会在鼓浪屿日光岩"瞰青别墅"底层创办"毓德示范托儿所"，同时举办"保育员训练班"，开厦门幼儿保教事业之先河。因台湾海峡形势紧张，该所于次年底停办。

6 月 6 日，毛泽东在中国共产党七届三中全会上的讲话中指出，有步骤谨慎地进行旧有学校教育事业和旧有文化事业的改

248

革。

人民政府接办怀德幼儿园，次年改为厦门师范附属小学幼儿园。

秋，人民政府在原怀仁小学创办厦门师范学校，1952 年迁到田尾毓德小学旧址。

## 1951 年

3 月，厦大校友中学转为公立，更名为"厦门第二中学"。

8 月，怀仁女中和毓德女中同时为人民政府接办，合并为"鼓浪屿女子中学"。次年 4 月，转为公办，改名"厦门女子中学"。陈碧玉任校长。

9 月，人民政府接办怀仁小学，创建"厦门师范学校附属小学"，址在怀仁小学。

10 月，人民政府接办福民小学，更名为"笔山小学"。

下半年，厦门美术界发起筹办美术学校的倡议，组织筹委会和校董会，推选黄长水为名誉董事长，林采之、罗丹为正副董事长。次年 2 月获福建省教育厅批准试办。校名为"厦门私立鹭潮美术学校"，校址在鼓浪屿八卦楼（今风琴博物馆）。许霏为校长、杨嘉懋为副校长。

## 1952 年

9 月 10 日，教育部发出《关于接办私立中小学的指示》，提出将全国私立中小学全部由政府接办，改为公立。此项工作于1956 年全部结束。

8 月，英华中学改为公立，并与先已改名"厦门第二中学"的厦大校友中学合并，定名为"厦门第二中学"，以"英华"校园作为新校址。

美华学校因未向人民政府登记立案，学历不被承认，市政府文教局同意同学们的要求，转至二中等校插班就学，创办四十多年的美华学校遂告结束。

人民政府接办养元小学，更名为"鹿礁小学"。

人民政府接办毓德小学，并入厦门师范学校附属小学

人民政府接办怀德幼稚园，更名为"厦门师范学校附属幼儿园"。

### 1953 年

1 月 13 日—24 日　政务院文教委员会召开会议，提出"整顿巩固、重点发展、提高质量、稳步前进"的文教工作方针。

厦门师范学校附属小学首次试验"五年一贯制"，曾在全省介绍推广。

1 月，厦门市人民政府应私立中山图书馆董事会的请求，接办中山图书馆，归属厦门市图书馆，保留馆名，6 月 1 日恢复对读者开放。

### 1954 年

4 月，思明电影院派人利用鼓浪屿"延平戏院"旧址，建立鼓浪屿电影放映站。1956 年改称鼓浪屿影剧院。

### 1955 年

鼓浪屿区委会通过妇联发动街道设立幼儿园，鹿礁街妇联首先响应，成立鼓浪屿街道幼儿园管理委员会，推丘廑兢、郑潭为正副主任，创办鹿礁街幼儿园，叶淑珠任园长。

秋，鹭潮美术学校试办工艺美术班。

厦门基督教青年会在鼓浪屿泉州路 74 号举办文化补习班，分初小、高小、初中三种程度，学员达四五百人。

### 1956 年

英华校友小学转为公立，更名为"鼓山小学"。

鼓浪屿街道幼儿园管理委员会在内厝澳办鼓浪屿区街道第二幼儿园。

年底，鹭潮美术学校归省文化局主管。

3 月 29 日，中共中央、国务院发布《关于扫除文盲的决

定》。鼓浪屿区开展扫盲运动。

### 1957 年

厦门师范学校附属幼儿园改名为"日光幼儿园"。

厦门基督教青年会创办托儿所，收托幼 100 多人。1960 年由鼓浪屿区幼托接办，改名"内厝澳托儿所"。

### 1958 年

厦门师范学校附属小学创办六岁学龄提前试验班 。

笔山小学与鼓山小学合并，仍称笔山小学。

鼓浪屿街道幼儿园管理委员会又办起鼓浪屿区街道第三、第四幼儿园。次年秋季起，第三和第四两园各留一班，分别暂寄在公立的日光和笔山幼儿园。

6 月，厦门市文化局接办鹭潮美术学校，改为公立，增设音乐舞蹈科和戏曲科，更名为"厦门艺术学校"，校址在鼓浪屿安海路 36 号。

8 月，经省工业厅和中共厦门市委协商决定，并经省人民委员会批准，在"厦门艺术学校工艺美术科"的基础上，成立"厦门工艺美术学校"，厦门艺术学校同时存在。

厦门师范学校升格为厦门师范专科学校（大专），曾改名为厦门师范学院，不久恢复为厦门师范学校。

秋，厦门女子中学高中部改为厦门纺织学校，次年春并入厦门轻工学校。

市科委迁入鼓浪屿八卦楼，先后举办属于成人教育性质的中医学校、业余科技学校。

龚鼎铭发起组织业余性质的鼓浪屿合唱团。

9 月，厦门基督教青年会在鼓浪屿鹿礁路 34 号创办盲人学校。1960 年由厦门民政局接办，改名为"厦门市聋哑学校"。

### 1959 年

4 月，厦门女子中学归并入厦门第二中学，仍名厦门二中，原"英华"校舍作为初中部,"毓德"校舍作为高中部。

鼓浪屿归侨、侨眷募捐创办"鼓浪屿侨办中学",鼓区侨联主席郑潭任校长兼董事长。前期校址在内厝澳洪氏祠堂内,以后迁至英华小学旧址(今汉伟英语幼儿园)。

### 1960 年

9 月,厦门师范学校迁出鼓浪屿。厦师附小更名为"鼓浪屿第一中心小学",办五年制试验班直至 1965 年。

厦门工艺美术学校和厦门艺术学校两校正式分开办学。

### 1961 年

2 月 7 日,中共中央批转中共中央文教小组《关于 1961 年和今后一个时期文化教育工作安排的报告》,提出当前文教工作必须贯彻执行"调整、巩固、充实、提高"的方针。由此,教育系统开始进行教育事业和教育政策的调整、整顿。

### 1962 年

2 月,为纪念郑成功收复台湾 300 周年,市人民政府在鼓浪屿日光岩北麓建立的厦门市郑成功纪念馆正式开馆。

### 1963 年

厦门工艺美术学校改为"福建工艺美术学校"。

4 月 24 日,中山图书馆港仔后 74 号馆舍与厦门海关中华路 4 号宿舍互换,中山图书馆迁移中华路重新开放。

### 1964 年

鼓浪屿区人民政府在"兴贤宫"(俗称"大宫")旧址成立鼓浪屿区青少年宫。"文化大革命"期间被迫暂停活动。

### 1966 年

6 月 1 日,新华社播发北京大学聂元梓等人攻击学校党委和北京市委的一张大字报,"文化大革命"席卷全国。鼓浪屿各中小学出现大量所谓批判"封、资、修"、"反动学术权威"、"黑帮分子"的大字报,学校领导、教师被揪斗、横遭迫害,教学全部停顿。

8月，各中小学相继成立"红卫兵"组织。在"破四旧、立四新"的口号下，鼓浪屿的中小学被更改了校名。厦门二中改为"前哨中学"，鼓浪屿第一中心小学改为"人民小学"，鼓浪屿第二中心小学改为"东方红小学"，笔山小学改为"红卫小学"，康泰小学改为"工农小学"，鹿礁小学改为"朝阳小学"。

12月15日，中共中央发出中等学校放假闹革命的指示。此后中小学全面"停课闹革命"。

**1967年**

1月，造反派组织分裂为"促联"、"革联"两大派别。随后，两派之间的斗争升级，"武斗"之火从学校烧到社会，形成激烈的派性斗争。

10月14日，中共中央、国务院、中央军委、中央文革发出通知，要求大中小学校"复课闹革命"。

**1968年**

8月25日，中共中央、国务院、中央文革发出《关于派工人宣传队进驻学校的通知》。厦门市军管会派出"工宣队"、"军宣队"进驻鼓浪屿各中、小学校，宣布复课。

**1969年**

鼓浪屿侨办中学并入厦门二中。

3月8日，鼓浪屿首批"老三届"毕业的知识青年到永定农村插队落户。

**1970年**

福建工艺美术学校停办。

因文盲和半文盲比例太高，鼓浪屿区海洋捕捞大队开展扫盲工作。

**1972年**

厦门师范学校在鼓浪屿复办，1975年迁至集美。

**1974 年**

4 月，福建工艺美术学校获准复办。

**1976 年**

10 月，"四人帮"被粉碎。各学校师生与全国人民一起举行集会、游行，热烈庆祝粉碎"四人帮"反党集团的胜利。

**1977 年**

8 月 8 日，邓小平在主持召开的科学和教育工作座谈会上否定"两个估计"，进行教育战线的拨乱反正。

**1978 年**

9 月，厦门二中开办了第一届英语试点班，"以英语改革推进其他各科改革"。

**1980 年**

11 月经国家轻工部考核提名、国家教育部正式批准，福建工艺美术学校成为全国唯一的工艺美术重点中专学校。

7 月，鼓浪屿区文化馆成立，借用原东方红小学教室作馆址。

**1981 年**

东方红小学（原二小）部分班级并入人民小学。

春，区青少年宫在原址恢复活动。

**1982 年**

人民小学提出一套为少儿创建实施愉快教育、提高全面素质的"学园、乐园、花园"三园式的文明校办学构想。

9 月，根据二中试点模式，在二中创办英语中学。

福建省体委、教育委员会正式命名厦门二中为福建省体育运动传统项目学校。

**1984 年**

2 月，英语中学迁至二中原高中部。

人民小学创办全省第一个音乐教育（钢琴和提琴）试验班，至 1990 年计有 1—6 年级六个班。

区教育局利用原东方红小学的校址组建"鼓浪屿少年儿童活动中心",与青年宫分离,成为专门面对少年儿童的活动阵地。

5月10日,鼓浪屿区政府为纪念我国著名妇产科科学家林巧稚而建的园林式纪念馆——毓园工程落成,翌年元旦开馆。

鼓浪屿音乐厅动工兴建。

## 1985年

福建工艺美术学校经省人民政府批准成立了工业设计大专班。

## 1986年

1月,在拆除"兴贤宫"原址上重建的区青少年宫落成,更名为"鼓浪屿区青年宫",正式开放。

## 1987年

2月,坐落于晃岩路1号的鼓浪屿音乐厅竣工投入营业。

5月,鼓浪屿区文化馆迁至原鼓浪屿电影院。

康泰小学并入人民小学。

## 1988年

5月5日,厦门市博物馆经五年筹备,正式开馆。

## 1989年

鼓浪屿少年儿童活动中心在原址上兴建新楼,正式成立"鼓浪屿区少年宫"。

福建工艺美术学校由省二轻厅与福州大学联合办学,在学校大专班的基础上成立福州大学工艺美术系。

## 1990年

年初,厦门市教委、鼓浪屿区人民政府根据鼓浪屿区人民小学音乐班的经验,向上级申报创办厦门市音乐学校。2月23日,厦门市人民政府发文批复,同意创办厦门市音乐学校,以人民小学六个音乐班为基础组建,校址在人民小学分校(原康泰小学)。

厦门二中被省教委、省体委确认为全国培养体育后备人才试点中学和省级重点体育传统项目学校。

7 月，厦门英语中学更名为厦门外国语学校。

厦门市少年儿童图书馆与鼓浪屿区少年宫合作，联办鼓浪屿分馆。

### 1993 年

7 月 5 日，厦门市人民政府再次发文批复，同意将厦门市音乐学校高中部改办成厦门市音乐中等专业学校。

福州大学工艺美术系升格为福州大学工艺美术学院。

### 1994 年

11 月，厦门外国语学校迁往厦门岛内新校舍。

11 月 4 日，中山图书馆新楼落成，对外开放。

### 1996 年

厦门市教委、体委决定在厦门二中开办初中体育班，培养足球、航海两个项目的体育后备人才。

### 1998 年

秋季，厦门市音乐学校新校舍落成。

10 月，鹿礁小学在我省最早开展"小班化教育"。

中国著名的第一位女指挥家郑小瑛教授在鼓浪屿组建"爱乐乐团"。

### 1999 年

11 月 5 日，区委区政府召开"鼓浪屿区推进素质教育工作座谈会"。

厦门二中在第一届初中体育班的基础上开办了高中足球班。

### 2000 年

1 月，鼓浪屿钢琴博物馆首期工程"听涛轩"陈列馆正式开馆；二期工程"蛇岭花苑"陈列馆于翌年 12 月正式开馆。

鼓浪屿区被确定为全国 8 个"社区教育实验区"之一，开始进行全方位的社区教育实验。

鼓浪屿区建立了"鼓浪屿社区教育指导委员会",制订了《鼓浪屿社区教育发展规划及实验方案》。

### 2001 年

鹿礁小学的师生分别合并到人民小学、笔山小学。

鼓浪屿社区教育指导委员会将原有的区青年宫、少年宫、业余学校与社区教育办公室等整合起来,成立了"鼓浪屿社区教育中心",集合岛上所有教育资源,共同构筑鼓浪屿终身教育体系。

12 月 29 日,社区教育中心正式创刊《社区教育简报》。

### 2002 年

鼓浪屿区承办第二届中国音乐金钟奖暨鼓浪屿(国际)钢琴艺术节。

### 2003 年

5 月,经国务院批准,厦门市调整部分行政区划,"思明区、鼓浪屿区和开元区合并为思明区",鼓浪屿区的行政区划归思明区,鼓浪屿区教育局也相应撤销,并入思明区教育局,鼓浪屿的教育随之发生变化。

笔山小学并入了人民小学。

鼓浪屿社区教育中心的原址改为"社区教育实践基地"。

### 2006 年

厦门博物馆迁出了鼓浪屿,其原馆舍改为"鼓浪屿风琴博物馆"重新开放。

### 2007 年

厦门市教育局、厦门市妇女联合会颁布《关于进一步加强我市家长学校工作的指导意见》,鼓浪屿中小学成立了家长学校。

### 2008 年

4 月 10 日,厦门二中家长学校内厝分校在鼓浪屿老年活动中心挂牌成立。

厦门二中高中部迁往厦门岛内五缘湾新校舍。

# 参考文献：

## 一、著作

王豫生主编．福建教育史．福州：福建教育出版社，2004

林懋义主编．晃岩之歌．厦门：厦门大学出版社，2008

郑炳忠主编．厦门教育．厦门：鹭江出版社，1998

何丙仲．鼓浪屿的租界．厦门：厦门大学出版社，2009

汪方文主编．近代厦门教育档案资料．厦门：厦门大学出版社，1997

秦惠中主编．近代厦门社会经济概况．厦门：鹭江出版社，1990

陈克华、吴静吟主编．厦门文化艺术志．厦门：鹭江出版社，1999

张雪蓉、马渭源．中国教育十二讲．重庆：重庆出版社，2008

黄书光．陈鹤琴与现代中国教育．上海：上海教育出版社，1998

林语堂．从异教徒到基督徒：林语堂自传．西安：陕西师范大学出版社，2004

［美］毕腓力著．何丙仲译．厦门纵横：一个中国首批开埠

城市的史事．厦门：厦门大学出版社，2009

[英]施美夫著、温时幸译．五口通商城市游记．北京：北京图书馆出版社，2007

厦门市鼓浪屿日光幼儿园课题组．童心无界．福州：福建教育出版社，2003

杨锦和、洪卜仁主编．闽南革命史．北京：中国计划出版社，1990

何丙仲编译．近代西人眼中的厦门．厦门：厦门大学出版社，2009

Air 夫妇．迷失鼓浪屿．北京：中国人民大学出版社，2006

[美]德·扬格．归正教会在中国 1842—1951．何丙仲选译稿

陈桂生．"教育学视界"辨析．上海：华东师范大学出版社，1997

[美]迈克尔·休斯、卡罗琳·克雷勒著．周扬、邱文平译．社会学和我们．上海：上海社会科学院出版社，2008

厦门市张晓寒美术研究会．张晓寒纪念文集．（厦）新出 2008 内书第 65 号

泉州市政协文史资料研究委员会．泉州文史资料：第九辑．1982

政协厦门市委文史委．厦门的租界．厦门：鹭江出版社，1990

## 二、文章

张宗洽．近代西方传教士在厦门的社会文化活动．鼓浪屿文史资料，(5)

朱质．解放前鼓浪屿的教育概况．鼓浪屿文史资料，(9)

周之德．福民溯源小史．福民校友堂落成纪念刊，1937

叶谷虚．廿五年来的回忆．福民校友堂落成纪念刊，1937

陈郑煊．鼓浪屿"难童学校"述略．鼓浪屿文史资料，(9)

余丽卿、郭旭．古老而又年轻的日光幼儿园．鼓浪屿文史资料，(3)

何丙仲．厦门二中校史(1898—1965)．鼓浪屿文史资料，(3)

朱鸿模．毓德女中二三事．厦门文史资料，(14)

叶灿云．鼓浪屿人民小学校史简介．鼓浪屿文史资料，(3)

牛何之．鼓浪屿：死去还是活着．闽南文化研究，(14)

周秀鸾．黄奕住与慈勤女子中学．鼓浪屿文史资料，(2)

叶灿云．创办全省第一个小学音乐班回顾．鼓浪屿文史资料，(7)

邱玉崑．英华足球史话．鼓浪屿文史资料，(4)

何丙仲．抗战前的福民小学和闽南职业学校．鼓浪屿文史资料，(4)

福建工艺美术学校．福建工艺美术学校简史．鼓浪屿文史资料，(2)

陈全忠．黄姓与鼓浪屿的开发．鼓浪屿文史资料，(8)

厦门地方志编委会．大事记．见：厦门市志．方志出版社，2004

李启宇．厦门大事记．见：厦门读史．海峡文艺出版社，2004

李跃忠．厦门沦陷初期的难民救济．见：鹭岛烽烟——纪念抗日战争胜利六十周年．海风出版社，2006

# 后记

　　应厦门市社科联之邀，要我们为《厦门社科丛书·鼓浪屿历史文化系列》写一本《鼓浪屿教育》。

　　老实说，接到这个任务我们是有点诚惶诚恐。比本丛书的兄弟著作迟了一年起步是个原因，作者自身的水平也是个问题——我们两个人，一个是学物理搞教育的，一个是学图书馆学搞管理的，实在没有"笔下生花，点石成金"的本事。

　　更主要的是鼓浪屿这本"书"，近几年已被商业炒作炒滥了，要满足社会上被吊得很高的猎奇胃口我们确是无能为力，何况这不是我们写这本书的目的。按我们的理解，写这本书的目的，应该是对鼓浪屿百年教育的一个梳理，让读者能对鼓浪屿百年教育的整体和她的特色有点印象，能从中悟出点道理，得到些启示和借鉴。这是要静下心来找些资料，研究点问题的。我们不想媚俗，不打算追求什么"市场效益"，也不想赶着为鼓浪屿申请世界文化遗产"立功"，我们以为这不是做学问的态度。这或许不合时宜，因此我们担心会拖丛书的后腿。

　　这本书该如何写，也颇费脑筋。面对百年鼓浪屿教育，我们怎么也"戏说"不起来。"段子"、"闲话"、"戏说"固然时尚，但好像不适合这本书。这样做不但对历史难有科学的梳理和深入的思考，这种随意零乱总让人感觉像是鼓浪屿岛上"野导"的信口开河，对不起读者，也对不起百年的鼓浪屿教育。这应该是一本社会科学的书。当然，也不能把这本书写成鼓浪屿几所学校解放前历史的流水账，或是解放后学校的"工作汇报总结"，让读者读了味同嚼蜡。我们想这本书，既要有整个鼓浪屿教育宏观的"史"，也要有微观的"事"和"人"，更要有与史实保持点距离，登高望远，对百年历史的回眸"评说"。当然，还要尽量使专业的道理通俗化。

对解放前的鼓浪屿教育，我们不是妄自菲薄的民族虚无主义者，我们珍惜中华民族对人类教育的贡献，珍重百年来志士仁人对真理前仆后继的追求。但我们发现，以往对解放前鼓浪屿教育的评说，似乎更多的是宁左勿右，言不由衷。一些东西人们内心其实是肯定、是赞赏，是作为宝贵传统想发扬，文字上却先要戴上"帝国主义的文化侵略和奴化教育"的帽子骂几句，或者顾左右而言他。其实历史上的人和事并不是"非黑即白"，不是"如果不是革命，就是反革命"那么简单，矛盾的双方也不是只有"你死我活"。这次我们力图实事求是地搞清楚解放前这段历史的真实作用。

对解放后鼓浪屿教育的评说难度更大。或者是淹没在一大堆官话、套话的文山字海里，使它的真实意图和价值难辨，或者由于离我们太近，我们因为置身其中而将重大问题习以为常，失去敏感，"不识庐山真面目，只缘身在此山中"。因此，适度拉开一点距离，以一种"去熟悉化"的眼光去重新审视，也许能看得更清楚。

所谓"拉开一点距离"就是要有"大历史"的视角，不被当代的"时髦"、"强势"所局限。所谓"去熟悉化"的眼光，其实就是批判的眼光。用批判的眼光去重新审视鼓浪屿百年来，特别是近六十年来的教育实践，重新审视一切的"熟视无睹"、一切的"理所当然"，用以评定其历史的正当性和价值。我们尽量这么做。

总之，我们把写这本书的过程看成是学习的过程，是重新研究鼓浪屿教育的过程。我们自知眼高手低，写出来的东西用专业的眼光看或许不伦不类，但只要对教育还有点价值就知足了，是不是"书"，出版不出版都没有关系。我们也不以为我们讲的都对，也知道对百年的鼓浪屿教育，这本书挂一漏万。能提出问题引起大家的思考，引起更深入的讨论研究，或者有错误在大家的帮助下得到纠正，就是这本小册子的贡献了。"看破红尘"后我们就放手去写了。

感谢黄猷、陈碧玉、林兴宅、何丙仲等老领导、老专家的悉心指导，使我们对百年来鼓浪屿的教育有较全面、较深刻的了解，受益匪浅。尤其让我们感动的是侨务界、社科界资深前辈黄猷先生，不顾高龄和眼疾，两次仔细审阅了全稿，而且两次都写出书面的感想和指导意见，为我们留下了一位"老鼓浪屿"的真知灼见和一位老学者严谨的治学风范。

感谢厦门二中、鼓浪屿日光幼儿园以及白桦先生为本书提供了珍贵的历史照片，为我们的研究提供了直观的素材，让本书更具历史价值和可读性。也感谢厦门市社科联领导对我们的信任和鼓励，一直耐心地等待了两年多，让我们终于坚持下来，把这个研究做到现在这个样子。今天斗胆拿出来就教于广大读者。

鼓浪屿是一本读不完的书，每翻一次都会有新的发现，新的收获。对于这一点，相信读者也会和我们一样感同身受。让我们一起继续读下去。

**著者**
**2011 年 8 月**

**图书在版编目(CIP)数据**

鼓浪屿教育/许十方,陈峰著. —厦门:厦门大学出版社,2012.1
(厦门社科丛书. 鼓浪屿历史文化系列)
ISBN 978-7-5615-3362-8

Ⅰ. ①鼓…　Ⅱ. ①许…②陈…　Ⅲ. ①教育史－厦门市　Ⅳ.①G527.
653

中国版本图书馆 CIP 数据核字(2012)第 007807 号

厦门大学出版社出版发行
(地址:厦门市软件园二期望海路 39 号　邮编:361008)
http://www.xmupress.com
xmup @ public. xm. fj. cn
**厦门集大印刷厂印刷**
2012 年 1 月第 1 版　2012 年 1 月第 1 次印刷
开本:889×1194　1/32　印张:8.5　插页:2
字数:220 千字
定价:180.00 元(全套 10 册)
本书如有印装质量问题请直接寄承印厂调换